모든 것은 인터넷에서 시작되었다

모든 것은
인터넷에서 시작되었다

디지털 리터러시를 위한
여섯 가지 이야기

김경화 지음

다른

들 어 가 며

일상 속의 인터넷

1969년 7월 20일, 아폴로 11호가 달에 착륙하는 모습이 전 세계에 중계되었다. TV 생중계로 이 역사적인 장면을 지켜본 사람들은 우주 탐험의 시대가 열렸음을, 인류가 이제껏 경험한 적 없는 변화가 시작되었음을 믿어 의심치 않았다. 반세기가 흐른 오늘날 우리는 실제로 엄청난 변화 속에 있다. 세상을 바꿀 테크놀로지가 등장했다는 뉴스를 매일같이 접한다. 일상생활도 예전과 달라지고 있다.

그런데, 이 변화를 이끈 힘은, 달 탐험에 나섰던 우주선에서 나오지 않았다. 인간이 달에 발을 내딛는 광경을 안방으로 생생하게 전달했던 미디어에서 나왔다. 우주 탐험처럼 두근거리지만 블랙홀만큼 막막한 미디어의 시대가 활짝 열렸다.

미디어로 인해 변화하는 세상의 중심에 인터넷이 있다. 인터넷은 수많은 컴퓨터와 통신망이 뒤엉킨 집합체에 불과하지만, 인류가 수천 년 동안 만들어낸 통념을 통째로 뒤흔들고 있다. 이 책은 이 드라마틱하고도 기이한 상황에 대한 이야기다.

인터넷이 사회를 변화시킬 것이라는 말을 귀에 못이 박히도록 들어왔다. 매스미디어에서는 그럴듯한 이야기를 늘어놓는다. 인터넷 덕분에 세상은 앞으로 더 편리하고 스마트해질 것이라고 한다. 인터넷을 잘 알고 능숙하게 다룰 줄 아는 스마트한 인재를 키우지 않으면 미래가 없다는 조언을 곁들이기도 한다. 다른 한편으로는 바로 그 인터넷이 사람을 망치고 사회를 황폐하게 만든다는 무시무시한 경고도 자주 들린다. 게임만 하는 아이는 바보가 된다고, 스마트폰과 혼밥은 더불어 사는 삶의 가치를 파괴한다고도 한다.

많은 SF 영화가 암울하고 황폐한 미래 도시를 그린다. 그런 것을 보면, 인터넷이 만들어갈 세상을 기대하는 사람이 많지 않다는 생각도 든다. 하지만 인터넷을 멀리하는 삶은 현실적으로 불가능하다. 분명한 것은, 우리 모두 인터넷에서 뉴스를 접하고 정보를 찾고 친구를 사귀고 위로도 받으며 살고 있다는 사실이다.

인터넷이 사회에 미치는 영향은 날이 갈수록 커지고 있다. 이전보다 훨씬 다양한 정보가 눈 깜짝할 사이에 퍼져나간다. 과거에는 TV, 라디오, 활자매체 등 매스미디어가 사회적으로 정보를

─ 세계를 뒤덮은 컴퓨터 네트워크. 인터넷이 우리의 일상생활을 혁명적으로 바꾸고 있지만, 평범한 일상생활 속에 숨어 있는 변화를 알아차리기는 쉽지 않다.

전달하는 유일한 통로였다. 신문을 읽거나 뉴스 프로그램을 보아야 세상 돌아가는 상황을 알 수 있었다. 그러나 지금은 누구나 자유롭게 정보를 유통한다. 민주적인 정보 환경이 만들어졌다고 할 수 있다.

반대로 부정적인 영향도 점점 늘어나고 있다. 전 세계가 전염병으로 몸살을 앓는 현상을 '팬데믹 pandemic, 세계적 대유행'이라고 하는데, 이에 빗대어 '인포데믹 infodemic'이라는 말도 등장했다. 정보를 뜻하는 인포메이션 information과 전염병을 뜻하는 에피데믹 epidemic의 합성어로, 인터넷 공간에 가짜 뉴스와 왜곡된 정보가 넘치는 현상을 지적하는 개념이다. 교통수단의 발달이 세균과 바이러스의 이동을 부채질해 세계적인 감염병 사태의 원인이 된 것처럼, 인터넷의 확산과 정보 생산·소비의 증가가 과잉 정보의 부작용을 부추기고 있다는 의미다.

디지털 미디어와 인터넷을 연구하는 나 역시, 이 새로운 테크놀로지의 긍정적 측면과 부정적 측면을 둘 다 실감한다. 인터넷은 쓸 곳도 많지만 위험이 따르는 양날의 칼 같다. 그 존재감을 생각할 때 앞으로 다가올 세계가 궁금하기도 하고 걱정도 된다. 첨단기술 덕분에 더 살기 좋고 편한 세상이 올 것이라는 낙관론도, 암울하고 파괴적인 미래가 기다리고 있다는 비관론도 선뜻 동의하기 어렵다. 적어도 인터넷의 역사와 문화를 비판적으로 성찰하는 인문학적 관점에서는, 이런 극단적인 전망 중 어느 쪽이라도 쉽게 반박할 수 있다. 테크놀로지에 대한 낙관론도 비관론도 사실 그리 굳건한 논거는 없는 것이다.

매스미디어는 로봇이나 인공지능AI: Artificial Intelligence을 예로 들면서 지금보다 편리하고 안전한 세상이 올 것이라 단언한다. 그와는 정반대로 암흑 같은 고실업 시대가 닥칠 테니 대비해야 한다고도 한다. 정치인들은 더 나아가 과학기술에 따른 4차 산업혁명이 나라의 미래를 좌우한다고 호들갑을 떤다. 그런데 이런 이야기를 떠벌리는 사람 중에 그 의미를 제대로 알고 있는 사람은 얼마나 될까. 사실 첨단 테크놀로지에 정통한 전문가일수록 '4차 산업혁명' 같이 알맹이 없는 단어를 입에 쉽게 담지 않는다.

무엇보다도 이런 이야기는 대부분 비즈니스나 시장경제, 세계정세의 변화 등 글로벌한 사회 변동에 초점을 맞추고 있다. 큼직큼직한 변화가 개인의 삶에 많은 영향을 미친다는 점은 부인하기 어렵다. 하지만 인터넷이 가져온 가장 큰 변화는 일상의 흐름이 달라졌다는 데에 있다. 시장경제, 정치시스템, 세계 유명인의 에피소드가 재미있는 화젯거리일 수는 있어도, 개인의 시시콜콜한 삶 속에서 일어나는 변화를 돌아보는 데는 그다지 도움되지 않는다. 첨단 테크놀로지와 미래 사회에 대한 이야기를 하기는 쉽다. 하지만 내 삶과 경험 속에서 느끼고 성찰하지 않는다면 아무런 의미가 없다.

과학기술의 발전이 사회를 혁명적으로 변화시킨 것은 엄연한 사실이다. 그런데 역사를 좀더 꼼꼼하게 돌이켜보면 사회적 변화는 누구도 의도하지 않았던 해프닝에 가까웠다. 아름다운 성경책을 만들기 위해 시작된 금속활자와 인쇄술이 과거의 권위를 뒤집어엎는 프랑스혁명을 이끌어냈다. 자본가의 이익을 극대화하는 데 전념했던 산업혁명은 공산주의라는 반자본주의적 사상이 퍼지는 계기가 되었다. 당시의 기술 발전을 이끈 발명가와 과학자 들은 정작 이런 결과를 예상하지 못했다. 그러니 '최첨단 기술에 뒤떨어지면 안 된다'는 애매한 위기의식이나 '로봇이나 인공지능에 관한 책을 한두 권 읽었다'는 얄팍한 자신감에 근거해 앞으로 다가올 세상을 상상하는 것은 그다지 현명하지 않다.

그렇다면 과연 미래를 어떻게 전망하며, 어떻게 대처해야 할 것인가. 변화의 시작점인 우리의 일상에 대해 생각하는 것부터 시작해야 한다고 조언하고 싶다. 내 생활에서 일어나는 변화를 제대로 읽지 못한다면 미래에 관한 어떤 이야기도 공허할 수밖에 없다. 시시각각으로 변하는 삶에 대해 진지하게 성찰하는 사람은 어떤 변화가 와도 스스로 대처할 수 있다는 뜻이다. 인터넷의 사회적 영향력을 자신의 힘으로 깨닫고 이해하는 인문학적 소양이 어느 때보다도 절실하다.

내 일상은 오직 나만 알 수 있는 영역이다. 그 누구보다 내가 잘 아는 세계라고도 할 수 있지만, 다른 한편으로 너무 익숙하다는 난점도 있다. 하루하루는 지극히 자연스럽게 흘러간다. 일부러 주의를 기울이지 않는 한 스스로 무엇을 하는지, 무엇을 어떻게 느끼고 반응하는지 모르는 채 흘려보내기 십상이다. 더구나 인터넷은 이미 일상생활의 가장 친숙하고 은밀한 곳까지 속속들이 파고들었다. 우리는 별다른 이유 없이 인터넷에 접속하고, 무의식적으로 휴대폰에 손을 뻗는다. 이런 행동을 하나하나 알아차리기는 결코 쉽지 않다.

즉, 일상 속에서 인터넷을 생생하게 경험하고 있지만 우리는 그 실체를 정확하게 알지 못한다. 인터넷에 관한 한 모두 당사자이자 방관자인 것이다. 이 책은 이렇게 일상의 평범한 장면 속에 매몰되기 쉬운 인터넷의 의미를 객관화하는 데 도움이 될 만한 내용으로 엮었다.

'디지털 리터러시'란 디지털 시대를 현명하게 살기 위한 소양을 의미한다. 빠르게 발전하는 디지털 미디어에 대한 지식을 디지털 리터러시의 동의어로 생각하는 경향이 있다. 하지만 삶을 풍요롭게 하는 것은 지식이 아니라, 지식을 삶에서 잘 활용할 줄 아는 지혜다. 그런 면에서 인터넷에 대한 섣부른 지식보다 인터넷이 우리의 삶에 가져온 변화에 대한 성찰이 더 절실하다. 평범한 일상 속에서 인터넷의 역할과 과제를 인식하는 것이야말로 디지털 리터러시를 갖추는 데에 중요한 과제인 것이다.

이 책은 디지털 리터러시를 위해 알아야 하는 여섯 가지 이야기를 소개한다. 각각의 이야기에는 인터넷 혁명이 구체적인 우리의 삶을 어떻게 변화시켰고, 앞으로의 삶에는 어떤 전망을 던지고 있는지에 대해 생각해볼 만한 주제를 담았다.

첫 번째 이야기 '모든 것은 인터넷에서 시작되었다'는 등장한 지 반세기 만에 공기처럼 익숙한 존재가 된 인터넷의 시작을 말한다. 인터넷이 언제 어디서 왜 시작되었는지, 어떻게 지금의 모습을 갖추게 되었는지 소개한다.

두 번째 이야기 '디지털 미디어와 표현자들'은 PC와 인터넷의 초기부터 높은 관심을 끌어온 디지털 미디어에 대해 설명한다. 전 세계의 수많은 벤처기업가에게 영감을 주었으며, 그 덕분에 대부분 들어본 적 있을 익숙한 소재를 다룬다.

세 번째 이야기 '가상공간과 온라인커뮤니티'는 가족, 연인, 회사 등 사회생활에 관련한 소재가 등장한다. 선구적으로 그리고 열정적으로 이 주제를 탐구해온 연구자들이 있었다. 이 장에서는 인터넷의 사회적 영향력과 가시적 변화에 대한 흥미로운 이야기가 펼쳐질 것이다.

네 번째 이야기 '소셜네트워크와 소멸하는 몸'에서는 일상에 너무나 익숙하게 파고든 인터넷이 무의식의 영역으로 들어온 점을 짚는다. 삶의 깊숙한 곳까지 영향력을 미치고 있는 인터넷의 은밀한 힘에 대해 이야기한다.

다섯 번째 이야기 '빅데이터와 멋진 신세계'는 인터넷과 디지털 세상에 대한 막연한 불안감을 이야기한다. 사생활 침해, 개인 정보보호, 감시 카메라 등 디지털 미디어 시대에 생긴 까다로운 딜레마에 관한 내용이다.

긴 여행의 끝이 될 마지막 이야기에는 '미래 도시의 구성원은 누구일까'라는 제목을 붙였다. 우리는 앞으로 인터넷이 지금보다 더 큰 역할을 하고, 온라인과 오프라인이 복잡하게 공존하는, 난생처음 보는 세상을 경험할 것이다. 이 새로운 국면에서 인류가 어떤 철학적 과제를 맞닥뜨렸는지 모두 함께 생각해봤으면 한다.

각 장 사이에는 큰 줄기인 여섯 가지 이야기에는 속하지 않지만 한 번쯤 생각해볼 만한 흥미로운 주제를 소개했다. 모쪼록 이 책이 새로운 시대를 살아가는 독자들에게 좋은 길잡이가 되기를 바란다.

인터넷의 역사

8.15 광복

1932	1936	1942	1945	1946
영국 올더스 헉슬리, 《멋진 신세계》 발표	**영국** 앨런 튜링, 컴퓨터의 시조 '튜링머신 Turing Machine' 제작	**미국** 아이작 아시모프, '로봇 3원칙'을 소개한 단편 발표	**전 세계** 제2차 세계대전 종결	**미국** 세계 최초의 컴퓨터, '에니악 ENIAC' 등장

1976	1975	1974	1972	1969
미국 '애플' 창업	**미국** 아르파넷 국방성에서 통신국으로 이관됨	**미국** 백남준, '일렉트로닉 슈퍼 하이웨이' 개념 주장	**미국** 아르파넷 이메일 프로그램 공개	**미국** 아폴로11호 달 착륙 성공, 아르파넷 실험 개시
	한국전자기술연구소 KIET 네트워크 연구 시작	아시아 최초로 TCP/IP를 이용한 네트워크 구축		

1978	1979	1982	1983	1984
미국 DEC, 아르파넷에 첫 스팸메일 발송	**미국** 세계 최초의 PC통신 서비스 개시 'SF러버스' 이메일 리스트 만들어짐	**미국** 〈블레이드 러너〉 개봉	**미국** TCP/IP 공식 이용 시작	**미국** DNS Domain Name System 가동

			국내 최초의 웹사이트 탄생 cair.kaist.ac.kr	
다음, 무료 웹메일 서비스 시작 금융위기, IMF 사태에 직면	PC통신 이용자 증가 무선호출기 삐삐 대유행	PC방 등장 정보통신윤리위원회 출범	인터넷 상용 서비스 코넷 KORNET 등장	

1997	1996	1995	1994	1993
미국 넷플릭스 창업		**미국** NSF 네트워크 서비스의 공식 종료 MS 윈도OS 95 공개 야후 서비스 시작	**미국** 아마존 서비스 시작	**미국** '정보 고속도로' 구상 발표

대한민국 정부 수립

| 1948 | 1949 | 1950 | 1952 | 1653 |

6.25 전쟁 발발

6.25 전쟁 휴전 성립

영국 조지 오웰,
《1984》발표

미국 IBM,
메인프레임
판매 시작

| 1968 | 1964 | 1961 | 1958 | 1957 |

미국 앨런 케이,
'다이나북' Dynabook'
구상·발표

미국 마셜 매클루언,
"미디어는 메시지다"
주장

소련 세계 최초의
유인 우주선
'보스토크' 발사 성공

미국 ARPA 설립

소련 세계
최초의 인공위성
'스푸트니크' 발사
성공

국내 최초 PC통신
'천리안' 서비스 시작

서울아시안게임 전산 시스템 구축

| 1985 | 1986 | 1987 |

미국 온라인 게시판
WELL 시작

미국 NSF 네트워크
체제로의 전환

소련 체르노빌
원전사고

미국 네트워크 호스트 수 10만 돌파

한글 인터넷 표준
소프트웨어 구축

| 1991 | 1990 | 1989 |

유럽 WWW world
wide web 등장

미국 아르파넷 공식 종료

미국 상용 전자메일의 인터넷 접속 성공

인터넷의 역사

두루넷 초고속인터넷 서비스 시작
네이버, 검색 서비스 시작
엔씨소프트, '리니지' 게임 서비스 시작

포털사이트 다음 시작

오마이뉴스 서비스
시작

싸이월드 미니홈피
서비스 시작
영화 〈엽기적인 그녀〉
흥행

1998

1999

2000

2001

미국 구글 서비스 시작

일본 카메라 달린
휴대폰 등장

미국 9.11 테러

대규모 촛불집회 및
박근혜 대통령
탄핵 사태

싸이의 〈강남스타일〉
화제

2017

2016

2015

2014

2012

미국 AR 게임
'포켓몬 고' 출시

스페인 3D 홀로그램
시위

미국 구글 글라스
시판 1년 뒤 중단

EU '잊힐 권리'의
명문화

2018

2020

전 세계 인터넷
이용자 수 42억 명
돌파

전 세계 새로운 코로나 바이러스로 인한
'팬데믹'

다음,
미디어다음 시작

2002	2003	2004	2005
미국 스팸금지법 제정	**일본** 세계 최초의 플래시 몹	**미국** 페이스북 서비스 시작	**미국** 유튜브 서비스 시작

카카오톡 서비스 시작

2011	2010	2008	2006
일본 동일본 대지진, 후쿠시마 원전사고	**미국** 인스타그램 서비스 시작	**미국** 애플, 아이폰 판매 시작 리먼 사태로 세계 금융위기	**미국** 트위터 서비스 시작

인터넷의 역사

차례

첫 번째 이야기

모든 것은 인터넷에서 시작되었다

1991년, 크리스마스이브의 추억

인터넷이 없는 세상을 상상해보자. 아주 오래된 과거도 아니지만 까마득한 옛날처럼 느껴진다. 그때는 새로 개봉한 영화 정보를 네이버나 구글 없이 어디서 구했을까. 여행할 때 맛집은 어떻게 찾아냈을까. 메신저도 없는데 친구와 어떻게 연락을 주고받고, 어떻게 썸을 탔을까. 무엇보다 지하철이나 버스에서 스마트폰도 없이 시간을 어떻게 보낸 것일까. 실제로 가끔 그런 질문을 받는다. "인터넷이 없었을 때 심심하지 않았나요?" 20대 중반까지 인터넷 없는 세상을 살았음에도 머뭇거리게 된다. 인터넷이 없었을 때 나의 하루는 어땠던가?

인터넷이 없는 세상을 상상하기 어려운 독자를 위해, 또는 내

기억을 되돌리기 위해 1990년대 초반 대학 시절의 에피소드를 하나 떠올리려 한다. 인터넷은 물론이거니와 휴대폰이라는 말조차 들어본 적 없던 시절이다.

눈이 내릴 듯 잔뜩 찌푸린 초겨울 아침, 나는 서울에서 대전으로 향하는 기차에 몸을 싣고 있었다. 대학 동기와 장난처럼 한 약속을 지키기 위해서였다. 딱 1년 전 동기들과 떠난 여행, 클래식 음악으로 유명했던 대전 모 카페에서의 일이다. 한 친구와 "1년 뒤 크리스마스이브에 여기서 다시 만나자!" 하고 약속했었다. '1년 동안 서로에게 함구할 것'이 조건이었기 때문에 며칠 전 수업 시간에 만났을 때까지 친구에게 입도 뻥긋하지 않았다.

기차 덕분에 제시간에 대전역에 내렸고 카페에 무사히 도착했다. 여기까지는 좋았는데 약속한 시간에서 10분이 지나고 20분이 지나도 친구가 나타나지 않았다. 불안감이 엄습했다. 마음을 애써 가라앉히며 동전을 들고 카페 한편의 공중전화 부스로 향했다. 그리고 익숙하게 외우고 있던 친구 집 전화번호를 눌렀다. 잠깐 신호가 가더니 아뿔싸, 수화기 너머에서 "여보세요"라는 친구의 목소리가 들려오는 것 아닌가! 친구는 서울의 자기 집에 있었다.

문제는 그다음이었다. "나 지금 대전의 그 카페야"라는 낙담한 내 말이 채 끝나기도 전에 "너 거기서 기다려!"라는 친구의 외침, 그리고 전화가 바로 끊겼다. 친구는 그길로 집을 뛰쳐나와 고속버스터미널에 가서 대전행 버스표를 사고, 바로 고속버스에 올라 대전으로 향했다고 한다.

그동안 나는 분식으로 배고픔을 달래고 옆 건물에 있던 극장에서 영화도 한 편 보았다. 한참 시간을 때운 뒤 어슬렁어슬렁 카페로 돌아가니 반가운 친구의 얼굴이 보였다. 약속 시간에서 네 시간이나 지난 늦은 오후에야 만난 우리는 마주 보고 피식 웃을 수밖에 없었다. 나중에 들으니, 친구는 약속을 잊은 것이 아니었다. 덜렁이인 내가 약속을 당연히 잊었을 것이라 짐작하고 바람맞은 듯 우울한 기분으로 집에 있었다고 한다. 이미 서울행 고속버스 막차가 끊긴 시간이었기 때문에, 대전에 사는 친척 집에 연락해서 하룻밤 신세를 졌다.

누군가를 만나기 위해 무려 네 시간을 기다린 일은 지금도 인생 기록이다. 내게는 '웃픈' 해프닝으로 기억되는 이 이야기는 인터넷 없는 세상의 단면이다. 그때 인터넷이 있었다면, 또는 휴대폰이라도 있었다면, 상황이 다르지 않았을까.

우선 약속 장소에 나타나지 않은 친구의 소재를 확인하기 위해 집으로 전화하지 않아도 되었으리라. 가족 중 누군가가 받을지도 모르는 집 전화로 연락하는 대신 바로 메시지를 보냈을 것이기 때문이다. 아니 그 전에, 서울에서 대전으로 이동 중이라는 흔적을 SNS에 남겼을 것 같기도 하다. 어쩌면 친구가 고속버스 터미널로 달려가는 동안 오지 않아도 좋다고 전화나 메시지로 설득했을지 모른다. 그래도 굳이 약속 장소로 오겠다고 한다면 몇 시에 출발하는 버스에 탔는지 금방 확인할 수도 있었다. 기다리는 동안에도 관람료를 내고 극장에서 영화를 볼 필요가 있었을까. 스마트폰으로 동영상을 보거나 게임을 하면서 시간을 때웠을 것이다. 서울로 돌아가는 고속버스 시간을 미리 검색해놓고 막차 시간에 맞춰 고속터미널로 갔을 것이다. 아니, 애초에 "1년 뒤 낯선 도시에서 만나자"가 아니라 "1년 뒤 한날한시에 어느 게임 속 어느 좌표로 로그인하자"라고 약속했을지도 모른다.

지금의 관점에서 보면 불편하고 느리게 느껴지지만 그때의 삶 역시 요즘과 크게 다르지 않은, 지루할 것도 없고 크게 불편하지도 않은 일상이었다. 인터넷이 없는 세상과 있는 세상의 차이는 우리 일상생활의 작고 평범한 흐름이 달라졌다는 데 있다. 친구를 사귀고 만나는 방식, 가족과 소통하는 방식, 애인과 싸우고 화해하는 방식, 지루한 시간을 보내는 방식, 바쁜 일정을 관리하는 방식 등 모든 일상이 인터넷과 연결되어 있다. 스마트폰 알람으로 잠에서 깨고, 포털사이트에서 날씨를 확인하며, 지하철에서 소셜게임을 즐긴다. 메신저로 소통하고, 혼밥을 하며 유튜브 동영상을 감상한다. 예쁜 디저트 사진을 SNS에 올리고, 팟

캐스트를 들으면서 운동하고, TV 드라마를 보는 동시에 실시간 댓글을 확인하며, 웹툰을 보다 잠이 든다. 우리의 생활은 아침부터 밤까지 촘촘하게 인터넷과 얽혀서 흘러간다.

모든 것은 인터넷에서 시작되었다

우리는 인터넷과 함께하는 삶을 자연스럽게 받아들이고 있다. 대화하듯 이메일을 쓰고, 하릴없이 책을 뒤적거리듯 생각 없이 검색어를 입력하고, 혼잣말하듯 SNS에 포스트를 올린다. 모든 것이 오래전부터 해오던 일처럼 익숙해서 이런 생활이 대단히 극적인 변화라는 사실을 잊었다. 새로 구입할 스마트폰의 디자인과 요금은 깐깐하게 따지면서, 손바닥만 한 스크린이 우리 삶을 지배한다는 점은 예상하지 못한다.

한 자 한 자 정성껏 써 내려가는 편지는 이메일의 등장과 함께 유물 신세가 되었다. 손 편지는 감성을 자극하는 복고 아이템일 뿐이다. 편지의 퇴장은 온라인커뮤니티, 채팅, SNS 등 새로운 서비스가 몰고 온 극적인 변화에 비하면 별것 아니다. 인터넷에서 만난 사람과 사랑에 빠지고, 정치적 의견을 교환하고, 누구에게도 말하지 못한 부끄러운 고민을 털어놓기도 한다. 예전에는 손으로 펜을 들어야 편지를 쓸 수 있었다. 그 날 무슨 일이 일어났는지 알고 싶다면 매일 아침 신문을 펼치거나 저녁 뉴스를 봐야 했다. 연인에게 전화하기 위해서는 줄이 늘어선 공중전화 앞에서 한참을 기다려야 했다. 불과 수십 년 전의 이야기지만, 까마득히 오래된 일로 느껴진다.

인터넷이 우리 삶에 던진 변화는 전방위적이다. 인터넷은 이제 삶의 도구라기보다는, 그 자체로 목표가 되었다. 공부를 위해 인터넷을 활용하는 게 아니라, 인터넷을 잘 활용하는 것 자체가 공부를 잘하기 위한 필요조건이 되었다. 일하는 데 필요해서 이메일을 쓰는 것이 아니라, 이메일을 쓰는 것 자체가 일처럼 버겁다. 이야기를 나누기 위해 메신저를 쓰는 것이 아니라, 메신저를 쓰지 않으면 친구가 생기지 않으며 연애도 하기 어렵다. "네이버나 구글에서 검색하세요"라는 문구가 세상의 모든 정보와 동의어가 된 지 오래다.

냉전시대, 전쟁 병기 실험에서 태동한 인터넷

인터넷이란 무엇일까? 아침에 일어나서 잠들기 직전까지의 일상을 속속들이 차지한 이 친근한 존재에 대해 우리는 의외로 잘 모른다. 인터넷의 정체를 제대로 이해하려면 우선 역사를 알아야 한다. 인터넷이 세상에 처음 나오게 된 때로 시곗바늘을 되돌려보자.

때는 1960년대 말, 무대는 미국이다. 국방성이 야심 찬 실험 프로젝트를 발표했다. 서로 다른 컴퓨터를 통신케이블로 연결한다는 계획이었다. 당시에는 컴퓨터라고 하면 전 세계 시장을 휩쓸고 있던 '메인프레임'을 말했다. 메인프레임은 작은 방 하나를 꽉 채울 정도의 초대형 컴퓨터로, PC 회사로 잘 알려진 IBM이 주문 생산하던 제품이다. 상당히 비쌀 뿐 아니라 업무 내용에 맞춘 프로그램을 만드는 전문가가 따로 있지 않으면 사용조차할 수 없었다. 프로그램이 깔리지 않은 상태에서 판매되는 계산용 기계였기 때문이다. 그러다 보니 고가의 장비를 구입할 수 있고 전산실을 따로 마련할 수 있으며 전문가를 고용할 여유가 있는 큰 회사나 연구 기관이 아니라면 장만하기도 어려웠다.

미국 국방성은 이 거대한 메인프레임 컴퓨터를 여러 대 연결해보겠다고 구상했다. 군사전략을 짜고 군대를 운영하는 조직에서 왜 이런 실험을 하겠다는 것인지 의도를 파악하기 힘들었다. 다른 한편으로는 미국 국방성이 가진 대규모 자금력이 아니라면 상상조차 어려운 대담한 계획이라고 할 수 있었다.

왜 이런 발상이, 그것도 미국 국방성에서 나온 것일까? 이 질

— IBM 메인프레임을 가동하는 1960년대 전산실 풍경. 초기의 컴퓨터는 한 대에
엔지니어가 몇 명씩 붙어 조작해야 하는 거대한 기계였다. ©International Business
Machines Corporation IBM

문에 대답하기 위해서는 시대적 배경을 고려해야 한다. 1960년대는 각각 자본주의와 공산주의를 대표하는 미국과 소련°이 이념적으로 팽팽하게 대립했던 시기다. 전쟁을 마다하지 않을 정도로 기세등등했던 강국의 대치 상황을 빗대어 '냉전시대'라고도 부른다. 고도의 전쟁 기술이야말로 상대를 제압할 유일한 방법이라는 인식이 가득했고, 미국과 소련은 전쟁을 염두에 둔 과학기술 개발에 병적으로 집착하고 있었다.

실제로 이 시기에 핵무기를 비롯한 전쟁용 기술이 비약적으로 발전했다. 현재 지구에 존재하는 핵폭탄의 대부분이 이 시절에 만들어졌다. 1960년대 남태평양 마셜제도에서 이루어진 핵실험의 여파가 1986년 구소련의 체르노빌 원전사고나 2011년 일본의 후쿠시마 원전사고를 능가한다는 이야기도 나온다.

먼저 시작한 것은 소련이었다. 소련은 1957년 인류 최초의 인공위성 '스푸트니크'호 발사에 성공하고, 1961년 세계 최초의 유인우주선을 쏘아 올리는 성과를 내면서 과학 기술력을 한껏 과시했다. 이에 세계질서의 주도권을 공산권에 빼앗길 수 있다는 위기감이 미국 정부에 감돌았다. 그즈음 케네디 대통령이 "인간을

○ '소비에트 사회주의 공화국 연방'의 준말. 지금의 러시아, 우크라이나, 조지아, 벨라루스 등의 나라가 공산주의를 표방하며 연합한 연방공화국이었다. 1991년 붕괴되기 전까지 미국과 자본주의 진영에 대항하는 공산주의 진영의 대표 세력이었다.

달로 보내겠다"라고 호언장담한 일도 소련과의 기 싸움을 의식한 행동이었다.

어찌 되었든 이런 와중에 엄청난 예산을 들여 컴퓨터를 통신망으로 연결하겠다는 계획을 내놓은 것이다. 이 역시 차세대 전쟁 기술을 염두에 둔 행동이었다. 통신은 전쟁에서 매우 중요하다. 전쟁터의 상황을 정확하게 파악하고 본부의 지시를 전투 현장으로 적시에 전달하는 것은 사실상 전쟁의 승패를 가르는 요소다. 컴퓨터와 컴퓨터를 통신으로 연결하겠다는 구상은 군사 목적의 정보통신을 강화하기 위한 일종의 비밀 병기였다. 실제로 전쟁 기술 개발에 효과를 거두었는지는 알 수 없다. 다만 인터넷이 호전적인 배경에서 생겨났다는 사실은 기억하면 좋겠다.

정보는 한 바구니에 담지 말라

'계란을 한 바구니에 담지 말라'는 말이 있다. 여러 바구니에 나누어 보관하면 하나를 떨어뜨려도 다른 바구니의 계란은 무사하다. 전부를 잃는 최악의 상황보다는 일부라도 건질 수 있도록 대비하는 것이 결과적으로는 이득이라는 조언이다. 미국 국방성이 내놓은 컴퓨터네트워크 실험은 이 생각의 연장선에 있었다. 계란을 여러 바구니에 나누어 담듯, 정보를 작은 조각으로 나누어서 운반하면 어떤 경우에도 안전하게 정보를 전달할 수 있지 않겠냐는 아이디어에서 시작된 구상이었다.

구체적으로 다음과 같은 단계를 거쳐 정보를 주고받는 것이다. 정보를 작은 꾸러미전문용어로 '패킷packet'이라 한다로 조각낸 뒤, 통신망에 흘려 보낸다. 통신망 여기저기에 정보의 조각들이 돌아다니고 있는 상황이다. 정보를 받을 때는 통신망에 흩어져 있는 조각을 맞추어 온전한 정보로 재구성한다. 정보를 분산시키면 다시 취합해야 하는 번거로움이 있지만, 정보 전달 자체를 실패할 가능성은 줄어든다. 전쟁 중 통신 회로의 일부가 파괴되어도 통신망에 흩어져 있는 내용은 언제든 다시 모아서 합칠 수 있으므로 정보를 송두리째 잃는 일이 생기지 않는다. 이것이 바로 인터넷의 근간 원리인 '분산형 통신 모델'이다. 미국 국방성의 실험은 우선 컴퓨터정보를 연결해서 네트워크통신망를 구축한 뒤, 그 속에서 분산형 통신 모델이 제대로 작동하는지 검증하겠다는 계획이었다.

속내는 전쟁 병기일지라도 정보를 안전하게 전달하는 방법으로 그럴듯하게 들린다. 그런데 정작 그 시대 전문가들은 이 생각에 동의하지 않았던 모양이다. 당시 세계 최첨단 기술을 자랑하던 미국의 통신 기업 AT&T는 국방성의 계획에 대해 "통신망에 대한 기초 지식조차 없는 발상"이라고 혹평했다. 정보를 꾸러미로 나누어 전달하는 방식이 안정적인 통신을 위해 확보해놓는 버퍼링° 영역을 침해할 가능성이 크며, 이로 인해 통신 품질이 현저하게 나빠질 것이라는 예측이었다. 분산형 통신 모델이 통신 건수에 따라 요금을 매기는 과금 방식과 궁합이 맞지 않는다는 내부 사정도 이유였을 것이다. 아무튼 AT&T를 비롯한 미국의 통신 기업들은 막대한 자금 원조에도 불구하고 국방성의 협조 요청을 완강하게 거절했다.

반면 연구비 지원을 거부할 이유가 없는 대학과 연구소에서는 흥미를 보였다. 국방성은 연구용 메인프레임을 갖춘 일부 대학의 협조를 얻어 컴퓨터를 통신망으로 연결하는 실험을 시작했다. 미국 각지에 흩어져 있는 네 대의 메인프레임이 성공적으로 연결되었고, 1969년에는 미국 국방성 고등연구계획국 아르파ARPA: Advanced Research Projects Agency, 현재 다르파DARPA: Defence Advanced Research Projects Agency라고 부른다가 주도한다는 의미에서 '아

○ 정보를 송수신할 때 처리 속도를 개선하기 위해 정보를 일시적으로 저장해놓는 기술적 조치를 버퍼링이라고 한다. 이렇게 하면 네트워크 속도가 느려도 정보를 전부 다시 불러오지 않아도 되므로 처리 속도를 앞당길 수 있다. 네트워크 속도가 충분히 빠를 때는 버퍼링된 정보를 참조할 필요가 없으니, 버퍼링 영역을 사용한다는 것은 네트워크 속도가 느리다는 의미이다. 이 때문에 이용자 입장에서는 버퍼링 현상이 네트워크 속도가 느리다는 의미로 받아들여진다.

르파넷ARPANET'이라는 이름이 붙은 컴퓨터네트워크가 가동되기 시작했다. 실험에 관심을 표명한 미국 전역의 대학과 연구소 들이 잇따라 참여하면서 아르파넷은 순조롭게 성장했다.

1980년대 이후 개인용 컴퓨터PC: Personal Computer가 빠르게 보급되면서 유럽, 아시아에서도 컴퓨터네트워크가 속속 등장했다. 이 과정에서 아르파넷의 명성이 더욱더 커졌다. 아르파넷은 국방성에서 미국 국립과학재단NSF: National Science Foundation으로 운영 주체가 바뀌고 1990년 공식적인 실험이 종료될 때까지 운영되었다. 이 20여 년은 인류 역사상 가장 극적인 변화가 태동한 시기라고 해야 마땅하다. 인터넷이 그 모습을 서서히 드러내기 시작했고, 지금 우리의 일상생활에서 큰 부분을 차지하는 디지털 문화가 싹텄다. 그런데 여기에서 가장 재미있는 점은, 막상 이 실험을 추진했던 주체는 이런 결과를 예측조차 하지 못했다는 사실이다.

아르파넷에서 무슨 일이 일어난 것일까

실험에는 목표가 있기 마련이고, 그 목표를 달성해야 성공했다고 말한다. 지금은 누구나 아르파넷 실험이 성공적이었다고 생각한다. 그 속에서 인터넷이 싹텄기 때문이다. 그런데 사실 이 결과는 미국 국방성의 목적과도, 적극적으로 협조한 대학이나 연구 기관의 목표와도 동떨어진 것이었다. 완벽하게 예측 불가능했던 성과를 '성공'이라고 포장하기에는 켕기는 구석이 있다. 어떻게 된 일일까?

아르파넷 정도의 대규모 프로젝트에는 참여하는 주체가 많고, 참여하는 이유도 그만큼 다양하다. 미국 국방성은 아르파넷을 통해 전쟁 상황에도 건재한 통신 방법을 찾고 싶어 했지만, 프로젝트에 참여한 대학이나 연구 기관은 다른 목표를 가지고 있었다. 그들은 컴퓨터네트워크를 통해 연구 정보를 활발하게 교류할 수 있는 길이 열리기를 기대했다. 인터넷이 없던 시절에는 학술지에 발표된 논문을 읽거나 1년에 한두 번 열리는 학회에 참석해야만 서로의 연구 성과를 알 수 있었다. 사정이 이러니 평소에 자주 만나기 어렵던 연구자들이 컴퓨터네트워크를 통해 정보를 교류할 수 있길 바란 것이다.

그런데 막상 뚜껑을 열어보니 상황이 기대와 다르게 전개되었다. 아르파넷을 통해 연구자들이 활발하게 교류하기 시작한 것은 사실이었으나, 연구 목적의 정보 공유보다는 사적으로 친목을 돈독히 하는 교류에 치중하는 경향이 두드러졌다. 굳이 비유하자면 '공부하라고 컴퓨터를 사 주었더니 게임 친구만 늘었다'고 할 만한 상황이다. 어떻게 된 일인지 제대로 이해하려면 컴퓨터네트워크 속에서 무슨 일이 벌어졌는지 들여다봐야 한다.

앞서 말했듯이 메인프레임을 다루기 위해서는 컴퓨터에 대한 전문 지식과 기술이 필요했다. 당연한 말이지만 아르파넷의 접속자 대부분은 컴퓨터 엔지니어 또는 관련 분야 전공자였다. 관심 분야가 같다는 점만큼 친구가 되기에 좋은 조건이 없다. 1960년대에는 컴퓨터공학이 흔치 않은 분야였기에 이 주제에 대해 이야기를 나눌 수 있는 상대를 만나기 쉽지 않았다. 그러다 말이 통하는 상대를 만났으니 동질감과 친밀감이 샘솟았던 것이다. 취미가 같은 '덕후'끼리 만나면 더 반가운 것과 같은 이치다.

다른 대학과 연구소의 논문이나 전문 정보를 구할 수 있다는 이점도 물론 있었다. 하지만 전문가라고 매일같이 논문만 읽지는 않는다. 아르파넷에 접속했던 엔지니어들은 같은 고민을 성토하고 취미를 나눌 수 있는 비슷한 종류의 인간이 통신망 너머에 바글바글하다는 것을 곧 알게 되었다. 아르파넷은 바깥세상에서 괴짜 취급을 받던 컴퓨터 엔지니어가 친구를 사귀기에 딱 좋은 놀이터였던 셈이다.

1973년 조사한 결과에 따르면, 아르파넷 전체 트래픽네트워크로 전송되는 데이터의 양의 4분의 3은 이메일의 전신이라고 할 수 있는 전자 메시지 교환이 차지한다. 그 내용도 특정 연구 분야에 대한 토론이 아니라 친구나 동료로서의 대화가 압도적으로 많았다. 그중에서도 아르파넷을 어떻게 하면 더 잘 쓸 수 있을까에 대한 토론이 많은 부분을 차지했다. 아르파넷에 대단한 애정을 가졌다기보다는 그저 컴퓨터 엔지니어로서 조금은 전문적인 냄새가 나는 이야기가 더 흥미로웠을 것이다. 게다가 의견만 주고받는 게 아니라 이야기 중에 튀어나오는 아이디어를 직접 구현할 수 있는 기술과 플랫폼이 눈앞에 펼쳐져 있으니 더욱 매력적이었다.

예를 들어 누가 이런 제안을 했다. '아르파넷의 이용자 중 누군가를 특정해서 메시지를 보내고 싶다. 이때는 이용자 이름 뒤에 골뱅이@ 기호를 붙인 뒤 그 뒤에 컴퓨터 이름을 붙이자.' 그렇다! 현재 전 세계 이메일 이용자가 사용하는 바로 그 형식이다. 하지만 어떤 컴퓨터 시스템에서는 @ 기호가 제대로 인식되지 않았다. 그 시스템을 사용하는 일부 이용자로부터 반대 의견이 나오기 시작했다. 그런데 오작동을 일으키는 시스템 이용자가 절대적으로 적으니 그냥 @ 기호를 사용하자는 제안이 힘을 얻었다. 그러자 이번에는 '다수파의 편의를 위해 소수파가 소외되는 것이 정당한가'라는 문제가 제기되고 이를 둘러싼 토론이 격렬하게 벌어졌다. 게시판 논쟁을 통해 의사 결정을 내리는 것은 예나 지금이나 쉽지 않은 일이다. 그럴 때는 시간이 해결해주기를 기다리는 수밖에 없다. 점차 @ 기호를 즐겨 쓰는 이용자가 많아졌고, 결국 그 기호는 '실질적 표준'으로 자리 잡았다.

컴퓨터 엔지니어에게 아르파넷은 개척을 기다리는 무한한 황무지 같았다. 누구라도 평등하게 제안할 수 있었고, 의견을 표명할 수 있었으며, 결론 없는 논쟁이 끝없이 이어지기도 했다. 기술 논쟁이 항상 아름답게 마무리되지는 않는다. 그 과정에서 상처받는 이도 있고 실망하는 이도 있었지만 드물게 영웅이 탄생하기도 했다. 이런 치열한 토론을 통해 이메일, 파일 전송 기준 FTP: File Transfer Protocol, 인터넷에서 컴퓨터 파일을 주고받기 위한 기술 규약 등 인터넷 통신의 기본규격이 만들어졌다. 인터넷에서 일반적으로 사용되는 많은 기술의 표준과 규격은 아르파넷에서 컴퓨터 엔지니어들이 치고받으며 논쟁한 결과다. 이 사실을 모르는 사람이 의외로 많다. 사실 당사자들도 그때의 논쟁이 이후 인류의 역사를 바꾸는 인터넷의 표준이 되리라는 사실을 짐작하지 못했을 것이다.

한편 그 속에서 지금의 온라인커뮤니티를 만든 인터넷 문화가 서서히 싹텄다. 한쪽에서는 아르파넷 기술의 표준을 둘러싼 토론이 열기를 더해가는 와중에, 다른 한쪽에서는 취미나 관심사를 나누며 우정이 깊어져갔다. 1970년대 초반 아르파넷에는 이메일 그룹 형태의 다양한 친목 모임이 생겨나고 있었다. 개중에는 프로그램 개발이나 네트워크 운영에 관한 전문 지식을 나누는 모임도 있었지만 SF 동호회, 와인 애호가 모임 등 순수하게 친분을 다지기 위한 모임도 꾸준히 늘어났다.

　다시 한번 강조하자면, 이 결과는 누구도 기대하지 않았던 의외의 해프닝이었다.

인터넷의 한가운데는 텅 비어 있다

　아르파넷은 공식적으로 1990년 종료되었다. 컴퓨터네트워크 자체가 폐쇄된 것이 아니라, 운영 주체가 미국 국립과학재단으로 이관되면서 'NSF넷NSF-NET'이라는 새 이름을 얻었다. 이때부터 인터넷으로 발전하기까지의 과정은 희로애락이 얼룩진 초기의 '드라마'에 비하면 싱거울 정도다.

　아르파넷의 성공담은 다른 나라의 컴퓨터 전공자들에게 큰 자극을 주었다. 1980년대 이후 유럽과 아시아를 포함한 여러 지역에서 자체적인 네트워크를 구축하려는 움직임이 활발해졌다. 일단 각 지역에 컴퓨터네트워크가 만들어지면 다음 단계의 목표는 역시, 세계 최초이자 최대의 네트워크를 형성한 아르파넷과 연결하는 것이었다. 역사가 오래된 만큼 많은 정보가 쌓여 있었기에 아르파넷에 접속하면 세계가 순식간에 넓어졌다. 아르파넷에서 개발된 통신프로토콜TCP: Transmission Control Protocol, 컴퓨터 통신에 필요한 약속 사항. 지금은 인터넷 통신의 기본 약속이 되었다는 의미를 담아 TCP/IP라고 쓴다. IP는 인터넷 프로토콜의 약자다은 모두에게 공개되었기 때문에 각 지역에서 활용하기도 편했다.

작은 구름이 뭉쳐 큰 구름이 되고 이 구름이 후에 더 큰 구름으로 모여드는 것처럼, 세계 곳곳에서 자체적으로 생겨난 네트워크가 아르파넷을 중심으로 자연스럽게 무리를 이루었다. 거대한 네트워크가 서서히 모습을 드러낸 것이다. 이 실체가 바로 우리 삶에 엄청난 영향을 미치고 있는 인터넷이다.

인터넷은 아르파넷을 선두로 세계 여기저기에서 싹트고 합체하며 저절로 진화해온 기묘한 존재다. 누군가의 의도에 의해 발명된 물건이 아니고, 단순히 '정보'라든가 '네트워크' 같은 개념으로 온전하게 설명할 수 있는 추상적 실체도 아니다. 인터넷은 고유명사로서 영어로 표기할 때는 'the Internet'이라고 쓰는 것이 정확하다. 아르파넷에서 태동하고, 곳곳에서 저절로 성장하고 뭉쳐서 이제는 지구 전체에 영향을 미치는 거대한 컴퓨터네트워크가 바로 인터넷이다. 이렇게 유일무이한 존재가 햇빛이나 전기처럼 모든 이의 삶에 깃들어 있는 평범하고 흔한 존재가 되었다. 그래서 지금은 보통명사인 'internet'이라고 써도 크게 틀리지 않는다고 본다.

　인터넷에는 전체를 총괄하는 관리자가 없다. 물론 NSF넷을 비롯해 각 지역이나 나라에는 네트워크의 핵심 역할을 맡은 주체나 조직이 있다. 하지만 인터넷이라는 거대한 지평에서 보자면 이들 역시 덩치 큰 연결자이를 노드node라고도 부른다 중 하나일 뿐 관리자는 아니다. 별들이 제멋대로 모여들어 형태가 잡힌 성운처럼 인터넷의 가운데는 텅 비어 있다. 공통분모는 TCP/IP라는 통신 약속을 지킨다는 사실뿐이다. 중심 관리자가 없는 독특한 구조는 자유롭고 평등하게 참여할 수 있는 인터넷의 개방성을 상징하기도 한다.

　인터넷이 참여자의 자발적 의지에 의해서만 운영된다는 사실은 신기하다. 만약 네트워크 참여자가 한날한시에 모두 통신망 접속을 끊는다면, 인터넷은 그 순간 펑! 허망하게 사라져버릴 수도 있다. 물론 그런 일이 일어날 가능성은 0에 가깝다. 인터넷 노드는 이미 오래전에 지구촌의 인구수를 능가했고, 그 속에서는 인간 사회보다 더 복잡하고 분화된 질서와 정치가 이루어지고 있기 때문이다. 이 모든 노드를 동시에 같은 방향으로 움직이게 하는 것은 개미 수억 마리를 한 줄로 늘어서게 하는 것보다 힘든 일이다.

인터넷 문화의 전주곡, PC통신

한국에서는 전길남 박사가 이끄는 한국전자기술연구소KIET: Korea Institute of Electronic Technology의 연구팀이 1982년 처음으로 컴퓨터네트워크를 구축했다. 아르파넷의 중심과 동떨어진 아시아 지역에서 인터넷을 구축한 최초의 사례로 꼽히며, 이때를 우리나라 인터넷의 시작이라고 말하기도 한다.

하지만 컴퓨터와 컴퓨터를 통신망으로 연결한 기술적 사건을 인터넷에서 펼쳐지는 다양한 일의 시작이라고 해석하기는 무리다. 인터넷의 진짜 의의는 사람과 사람이 네트워크 속에서 만나고 교류하면서 새로운 삶의 영역을 개척했다는 것이다. 아르파넷을 만든 용감한 개척자들조차 컴퓨터와 컴퓨터를 통신망으로 연결하는 실험이 인터넷이라는 새로운 사회를 만들어낼 것이라고 예측하지 못했다. 인터넷의 역사를 온전하게 이해하려면 기술적 가능성뿐만 아니라 그 위에서 사람들이 무슨 일을 벌였는지, 그리고 그 일들이 왜 꾸준히 계속되고 있는지를 알아야 한다. 컴퓨터네트워크가 구축되었다는 의미에서는 기술적인 사건이지만, 사람들이 왜 무엇을 어떻게 했느냐는 의미에서는 문화적 사건이기 때문이다.

한국에서 인터넷이 널리 이용된 때는 2000년대부터지만 그

1990년대 PC통신에서 취미와 사적인 교류를 나누는
문화가 싹트기 시작했다. PC통신에서 시작된
온라인커뮤니티, 이모티콘, 통신 은어 등이 인터넷
문화의 풀뿌리 역할을 톡톡히 했다.

전에 이미 PC통신이라고 부르던 상용 서비스가 있었다. 이 PC통신을 통해 컴퓨터네트워크가 대중화되어 사이버공간에서의 자유분방한 표현과 공동체문화가 꽃필 수 있었다. 인터넷 교향곡이 시작되기 직전, 성대한 전주곡이 울려 퍼지는 상태였다고 해도 좋다.

1990년대, 인터넷의 영향력과 인지도는 세계적으로 커지고 있었지만 누구나 인터넷에 쉽게 접속할 수 있지는 않았다. 1990년대 중반까지 한국의 인구 대비 PC 보급률은 10퍼센트에 불과했다. 게다가 당시 시판되던 컴퓨터에는 통신 기능이 기본으로 들어가지도 않았다. 인터넷을 이용하고 싶다면 일부러 전자상가를 방문해 통신에 필요한 부속품통신용 모뎀을 별도로 구입, 설치하는 불편을 감수해야 했다. 그러니까 인터넷에 접속할 수 있는 도구를 갖추고 있고 접속하는 방법을 알고 있는 사람은 매우 소수였다고 봐야 한다.

반면 PC통신은 비교적 쉽게 접할 수 있었다. PC통신은 비싼 계산기나 업그레이드된 타자기 정도로 인식되던 개인용 컴퓨터를 만남과 소통의 창구로 바꿨다. 전 세계의 모두에게 열려 있는 인터넷과는 달리 유료 이용자만 접속할 수 있는 폐쇄형 컴퓨터네트워크였다. 당시는 인터넷 전용 통신 회선이 일상적으로 쓰이기 전이어서 전화 회선을 사용했다. 전화기의 케이블을 뽑아 컴퓨터의 통신포트에 연결하고 PC통신 전용 소프트웨어를 이용해 네트워크에 접속을 시도한다. '삐' 소리가 나는 특유의 접속음이 들린 뒤 회원 ID와 패스워드를 입력하는 화면으로 넘어가는데, 이렇게 로그인을 통해 컴퓨터네트워크에 접속하는 이용 방법 역시 PC통신 시기에 대중화되었다.

우리나라에서는 1985년 PC통신의 세계가 열렸다. 데이콤에서 천리안이라는 이름의 서비스를 시작하면서부터다. 1990년대 이후 젊은 층을 중심으로 PC통신의 인기가 높아졌고 이용자수가 기하급수적으로 늘어났다. 서비스 이용료와 별도로 전화선을 이용한 시간만큼 통신료가 청구되는 구조였기에 금전적 부담이 만만치 않았다. 하지만 PC통신 속에서 사람을 만나고 정보를 구하는 재미에 눈을 뜨면서 기꺼이 비용을 부담하는 이용자가 늘어갔다. 하이텔, 나우누리, 유니텔 등도 이때 인기를 끈 컴퓨터네트워크 서비스의 이름이다. PC통신은 기본적으로 다양한 주제와 토론 기능이 있는 인터넷 게시판 형태로 운영되었는데, 바로 이 게시판에서 인터넷 문화의 핵심이라고 할 만한 온라인커뮤니티가 시작되었다.

초고속인터넷 통신 서비스가 본격적으로 보급되면서 자연스럽게 PC통신 이용자가 줄어들었다. 유료로 운영될 뿐 아니라 문자 중심의 게시판으로 운영되던 PC통신에 비해 인터넷은 게시판 이용에 별도로 돈이 들지 않았고 그림이나 음악처럼 문자 외의 다양한 표현 방식이 가능했다. 이용자들은 망설임 없이 PC통신을 버리고 인터넷으로 갈아탔다. PC통신은 역사의 뒤안길로 사라지는 신세가 되었다. 하지만 컴퓨터네트워크를 대중화하고 다양한 인터넷 문화를 싹 틔웠다는 면에서 훌륭하게 그 역할을 수행했다.

인포데믹의 전주곡, 스팸메일

인포데믹이라는 신조어는 엄청난 양의 정보가 인터넷을 통해 빠르게 확산되는 상황을 뜻한다. 이 단어는 전염병이 대유행하는 현상을 뜻하는 팬데믹에 빗대어 입방아에 오르곤 했다. 인터넷을 통해 쉼 없이 흘러 들어오는 거짓 정보로 인한 혼란이 적지 않은 만큼, 인터넷에서 발생하는 정보 과잉 현상에 경보를 울리는 것이다.

사실을 말하자면 정보 과잉 현상은 인터넷 초창기부터 발생했다. 예전부터 우리를 괴롭혀온 대표적인 사례가 흔히 '스팸메일spam mail'이라고 부르는 광고메일이다. 스팸은 원래 미국의 식품 회사가 제조, 판매하는 통조림 상품명인데, 한때 엄청난 물량으로 무차별 광고를 쏘아대는 바람에 광고공해의 대명사가 되었다.

어느 업체에 메일주소를 알려준 적이 없는데도 그로부터 상업용 이메일을 받아본 적이 있을 것이다. 그래서 웬만한 이메일 관리 프로그램과 웹메일 서비스는 원치 않는 상업용 이메일을 걸러내는 필터와 그렇게 거른 메시지만 따로 보관하는 스팸메일 폴더를 기본으로 제공한다. 수신 동의를 받지 않은 광고메일에 대한 불만이 끊이지 않자, 이를 금지하고 처벌하는 법률까지 생겼다. 그런데도 스팸메일은 왜 사라지지 않을까?

광고 내용을 담은 엽서를 누군가에게 보낸다고 생각해보자. 만드는 데 돈이 들 뿐 아니라, 엽서를 부치기 위해서는 보내는 만큼 우표를 사야 한다. 엽서 한 통을 준비해 보내는 데에 100원이 들었다면, 100통을 보내기 위해서는 1만 원이 필요한 것이다. 그런데 인터넷에서는 광고를 발신하는 데 드는 비용 구조가 전혀 다르다. 광고메일 한 통을 작성하는 데에는 그 나름의 비용이 들지만, 우푯값이 필요 없으니 1명에게 보내나 100명에게 보내나 드는 돈은 크게 다르지 않다. 광고하는 측에서는 대량으로 메일을 발송해도 손해 볼 것 없는 구조다.

거꾸로 이메일을 받는 쪽에서는 부담이 생긴다. 인터넷을 접속하는 데에는 통신료가 든다. 이메일 계정을 열어 보기 위해서 시간도 할애한다. 별 볼 일 없는 광고를 확인하기 위해 수신자의 돈과 시간이 쓰인다. 광고 전단을 받는 사람에게 우푯값을 내라는 것과 다름이 없으니, 불평불만이 터져 나올 만하다. 말하자면, 인터넷에서는 대량 이메일로 이득을 얻는 '보내는 이'보다, 불편을 겪는 '받는 이'가 비용을 부담하는 역전 현상이 일어난다.

이런 상황에서 대량 이메일을 보내는 것은 적은 비용으로 더 많은 소비자에게 알리기 위해 노력하는 기업으로서는 당연한 선택이다. 넘쳐나는 스팸메일에 따른 문제가 없다는 뜻은 아니다. 나만 해도 밀려드는 스팸메일 때문에 버린 이메일 계정이 벌써 몇 개나 된다. 하지만 인터넷의 특성을 활용해 적은 비용으로 좋은 효과를 만들어내려는 기업의 노력을 마구잡이로 비난할 일은 아니다. 단, 불법 콘텐츠를 홍보하는 불순한 선전이나 광고를 가장한 사기성 이메일은 여기에서 설명하는 스팸메일과 다르다. 그런 종류의 이메일은 어떤 경우에도 용납해서는 안 된다. 사회의 해악이다.

스팸메일의 사례가 전형적으로 보여주듯, 인포데믹 현상은 대부분 인터넷의 독특한 비용 구조에서 발생한다. 일부를 '나쁜 놈'이라고 치부하고 처벌하는 것보다, 인터넷의 장점은 살리고 단점을 보완하는 선에서 해결책을 찾아내는 것이 현명하다.

컴퓨터 역사의
돌연변이, PC

인터넷은 미국 국방성의 병기 실험이 낳은 돌연변이였다. 이와 비슷하게 컴퓨터도 시작부터 전쟁과 관련되어 있었다.

세계 최초의 '생각하는' 기계로 꼽히는 '튜링머신'은 제2차 세계대전 때 암호로 된 독일군의 공격 명령을 즉각 해석하기 위해 만들어졌다. 이 기계를 만든 앨런 튜링은 인공지능의 아버지라고 일컬어진다. 컴퓨터의 이론적 초석을 마련했다고 평가받는 요한 폰 노이만도 비슷한 시기에 활약했다. 그가 만든 '에니악'은 세계 최초의 전자식 컴퓨터로, 이 역시 전쟁에 쓰기 위해 만들었다. 적군의 항공기를 쏘아 떨어뜨리기 위해 방공포의 탄도를 계산하는 기계였고 실제로 태평양전쟁에 사용되었다.

첫 번째 이야기에 등장했던 대형 컴퓨터 메인프레임은 군사 목적으로 개발했던 계산용 기계를 기업 운영에 필요한 정보 처리용 기계로 다시 만든 것이다. 전쟁을 위한 기계가 노동자를 관리하기 위한 기계로 거듭났다고 할 수 있다. 그런 면에서 예전의 컴퓨터는 군대나 대기업처럼 권력과 자본을 가진 큰 조직에서나 가질 수 있는 힘의 도구였다.

개인용 컴퓨터, PC의 등장은 힘과 권력을 대변하던 컴퓨터의 위상을 보기 좋게 뒤엎었다는 의미에서 후련함을 준다. PC는 돈도 권력도 변변치 않은 젊은이들의 열정과 상상력에 의해 세상에 나왔다. 대형 컴퓨터가 한창 전성기를 누리던 1970년대, 메인프레임을 다루던 젊은 기술자와 연구자 들은 소형 반도체 부품을 구입해 계산용 기계를 조립하는 재미에 눈을 뜨기 시작했다. 컴퓨터 마니아가 생겨난 것이다.

딱히 어딘가에 활용하겠다는 분명한 목적도 없었다. 집 앞을 지나는 사람의 수를 세는 무의미한 프로그램을 장난삼아 돌려보는 정도의 도구에 불과했다. 하지만 컴퓨터를 취미로 삼는 젊은 엔지니어가 점차 늘어나면서 새로운 문제의식이 떠올랐다. 컴퓨터가 권력과 자본에 봉사하는 기계가 아니라 개인이 활용하는 도구로 거듭날 수도 있겠다는 전망도 슬슬 나오기 시작했다.

스티브 잡스도 컴퓨터 조립을 취미로 삼았던 괴짜 중 한 명이었다. 그는 개인용 컴퓨터를 조립하고 갖고 놀기만 했던 다른 엔지니어와 달리, 이 물건이 상업적으로도 성공할 수 있다고 직감했다. 1976년, 갓 스무 살을 넘긴 잡스는 '홈브루 컴퓨터 클럽Homebrew computer club, 컴퓨터를 스스로 만드는 사람들의 모임'에서 만난 스티브 워즈니악과 의기투합해 PC를 제조해서 판매하는 회사를 차린다.

사과를 한 입 베어 문 모양의 인상적인 로고젊은 나이에 청산가리가 묻은 사과를 먹고 목숨을 끊은 앨런 튜링을 기리는 의미라는 도시전설도 있다가 유명한 애플사가 이렇게 시작된다. 개인용 컴퓨터로 승부를 걸어보겠다고 대담하게 나선 것인데, 컴퓨터 기술의 일인자였던 IBM사는 이런 도전장에 눈 하나 깜짝하지 않았다. 혈기 왕성한 20대 엔지니어들의 모험이 성공을 거둘 것이라고는 생각하지 않았기 때문이다.

이후의 이야기는 모두가 아는 내용과 같다. 애플은 젊은 마니아의 마음을 사로잡았다. PC 시장은 초기부터 의외로 선전했고, 컴퓨터 부품인 반도체 가격이 뚝뚝 떨어지면서 PC가 컴퓨터 시장에 활력을 불어넣으리라는 전망도 설득력을 얻었다. 처음에는 이를 외면했던 IBM을 비롯해 전자산업 쪽에서도 PC 시장에 앞다퉈 뛰어들었다. 1990년대 인터넷의 등장과 함께 PC 수요는 '폭발'이라는 표현이 어울리는 속도로 성장했다. 이제 PC는 컴퓨터

— 1968년, 20대의 컴퓨터 공학자 앨런 케이가 구상한 '다이나북Dynabook'이다.
케이는 어린이의 장난감처럼 다루기 쉽고 가벼운 미래형 컴퓨터를 제안했는데
그가 직접 그린 다이나북의 모습은 지금의 태블릿 PC와 상당히 유사하다.
©Alan Kay

의 대명사다. 특별히 컴퓨터 산업에 종사하지 않는 사람도 업무, 사회생활, 취미를 위해서 다양한 용도로 PC를 사용한다. 종류도 다양해져서 데스크톱 PC를 시작으로 휴대하기 간편한 태블릿 PC나 스마트폰 등으로 꾸준히 진화하고 있다.

컴퓨터는 군사 목적의 기계, 또는 기업의 관리용 기계라는 무서운 이미지를 벗었다. 하지만 역사를 돌이켜 보면 PC가 컴퓨터의 대세가 된 일은 뜬금없는 사건이었다. 돌연변이로 등장한 PC가 컴퓨터의 사회적 역할을 송두리째 바꾼 것이다.

두   번 째   이 야 기

디지털 미디어와
표현자들

종이신문에는 미래가 있을까

    나는 대학 졸업 후 몇 년간 어느 일간지의 기자로 일했다. 그때는 포털사이트도 없던 시절이라 신문사나 방송사에 입사하는 것 외에는 일간 뉴스를 다루는 기자가 될 방법이 없었다. 당시 언론사 입사 시험은 경쟁률이 워낙 높아 '언론 고시'라고도 불렀다. 또한 지금과는 달리 언론사에 대한 사회적 인식도 좋았기 때문에 여성 입사율이 낮았던 기자 직종에 합격한 뒤 축하도 많이 받았다.

    기자가 된 뒤에는 눈이 핑핑 돌 정도로 정신없는 매일매일이었지만 글 쓰는 일도 적성에 맞았다. 그런데 5년도 못 채운 채 신문기자 생활을 그만두고 말았다. 첫 직장을 떠나는 심정은 한마디로 표현하기 어려울 정도로 복잡했지만, 마음 한편에 자리 잡은 의구심이 적지 않게 작용했다. '종이신문에 과연 미래가 있을 것인가?'

바야흐로 디지털 미디어의 영향이 사회 곳곳에 불어닥치던 1990년대 중반이었다. 디지털 미디어의 대표 격인 PC를 필두로, 디지털 음원 매체인 CD Compact Disc 나 디지털 방식의 휴대전화 서비스 등이 차세대 기술로 주목을 받고 있었다. 신문업계에도 디지털 열풍은 남의 일이 아니어서, 신입 기자에게도 당시 최첨단이었던 펜티엄 노트북, 벽돌처럼 큼직한 모토로라 휴대폰, 배터리 지속 시간이 짧은 휴대폰의 보조 역할을 하는 삐삐 등이 취재 도구로 지급되었다. 3kg에 가까운 도구를 들고 다녔지만, 정작 취재현장에서는 수첩과 볼펜을 제일 많이 활용했다. 지금 생각해보면 디지털°과 아날로그가 절묘하게 교차하는 현장에서 기자 생활을 했다.

내가 PC통신에 입문한 것은 경찰서 출입기자로서 야간 근무를 하던 때였다. 서울 시내 경찰서를 돌면서 뉴스거리를 챙긴 뒤, 자정이 넘으면 거점 경찰서 기자실에서 새벽까지 대기해야

○ 디지털이란, 연속적인 물리량으로 정보를 취합하는 아날로그 방식과는 달리, 0과 1로 표현되는 두 가지 상태의 다양한 조합으로 정보를 처리하는 조작하는 방식을 뜻한다.

했다. 대부분 큰 사건 사고 없이 마무리되지만, 언제 무슨 일이 생길지 모르는 만큼 긴장을 풀 수는 없다. 딱히 일하는 것은 아니지만 그렇다고 잠을 잘 수도 없는 애매한 대기 시간, PC통신에 빠져들기에 최적의 환경이었다.

사회부 경찰기자로서 까다로운 정보원에게 접근하고 취재하는 일에 익숙했던 내게도 PC통신은 신세계였다. 몇 시간 동안 신문사 자료실에 틀어박혀 스크랩 파일을 샅샅이 뒤져야 찾을 수 있던 예전 자료를 키워드 검색만으로 쉽게 손에 넣을 수 있었다. 심층취재를 해야만 겨우 들을 수 있는 이야기도 많았다. 예를 들면, 당시 불법이었던 일본의 대중문화를 좋아하는 사람들이 모여서 은밀하게 정보를 공유했고, 가족에게도 커밍아웃하지 않은 동성애자들이 고민을 나누고 있었다. 식도락 동호회 게시판에는 미식가들이 검증한 맛집 정보가 활발하게 올라왔다. 지금은 인터넷을 통해 얼마든지 찾을 수 있는 정보지만 그때는 쉽게 구할 수 없는 종류였다.

따분한 야근 시간에 심심풀이로 접속했던 PC통신 덕분에 일반적인 취재 경로로 성사시키기 어려운 인터뷰를 하거나 눈에 띄는 기사를 종종 쓸 수 있었다. PC통신은커녕 노트북 사용도 힘겨워하던 선배들은 어떻게 이런 정보를 구했냐고 하며 신기해했다. '종이신문에 미래가 있나'라는 의문이 싹튼 것도 그즈음이었다.

신문은 뉴스를 제공하는 매체다. 이름에 걸맞은 역할을 하기 위해서는 새로운 정보, 새로운 시각, 새로운 방법에 누구보다 능숙해야 한다. 그런데 아무리 똑똑하고 부지런한 기자도 PC통신에서 활동하는 불특정 다수의 힘을 이길 방법은 없지 않은가. 그곳에서는 수천수만 명의 이용자가 정보를 자발적으로 취합하고 공유한다. 게다가 검색 기능이 있으니 과거의 정보나 숨은 정보도 손쉽게 찾아낼 수 있다. 신문사 자료실의 스크랩북을 뒤지던 때와는 전혀 다른 상황이 펼쳐진 것이다.

더구나 언론사에서 기사를 게재할지 말지 결정하는 것은 기자 개인이 아니다. 기자의 의지와 달리 편집국 데스크가 기사를 '죽이는' 경우도 있다. 그에 비해 PC통신에는 기사를 죽여라 살려라 할 수 있는 권위적인 존재가 없었다. 남녀노소를 따지지 않고 평등하게 의사소통하는 이용자들이 자신의 판단에 따라 글을 읽기도 하고, 삭제도 했다. 입사한 지 5년도 안 된 초짜 기자였지만 PC통신과 같은 새로운 미디어 환경 속에서 고리타분한 언론사는 살아남기 어렵겠다는 위기감을 느꼈다.

그 후 마침내 결단을 내렸다. 하필이면 1990년대 말 IMF 사태° 직후였다. 비교적 안정된 직장을 자기 의지로 그만두는 일은 드물던 때였지만, 젊은 패기를 믿고 불안한 미래에 맞서기로

했다. 이후 나는 망설임 끝에 스무 명 내외의 젊은이가 의기투합한 작은 인터넷 회사에 입사했다. '네이버컴'이라는 생소한 이름의 이 회사가 20여 년 만에 한국의 대표적 인터넷 기업이 되리라고는 그 누구도 예측하지 못했다. 당시 인터넷은 장래가 불안한 벤처였기 때문에 다들 이직을 꺼리는 업종이었다. 돌이켜보면 나는 종이신문에서 인터넷으로 전직한 1세대 기자다. 종이신문의 미래가 없다는 예감은 옳았을까? 아직은 종이신문이 건재한 듯 보인다. 하지만 인터넷의 등장이 매스미디어 업계에 전례 없는 격렬한 변화를 몰고 왔다는 사실은 분명하다.

인터넷이 바꾸어놓은 일상의 시계

예전에는 조간신문을 읽으면서 세상 돌아가는 소식을 알았다. 점심때는 라디오에서 들려주는 가요를 듣고, 오후 9시에 TV 뉴스를 보면서 하루를 정리했다. 심야 시간에는 라디오에 나오

○ 1997년 말, 한국은 동남아시아 국가에서 시작된 외환위기의 파급 효과로 급격하게 경제위기 상황으로 내몰렸다. 국제통화기금IMF: International Monetary Fund으로부터 구제금융을 받아 국가부도를 막을 수 있었지만, 고통스러운 구조조정을 겪었다. 그때의 경제위기와 뼈아픈 극복 과정을 아울러 IMF 사태라고 한다.

는 영화음악을 듣고, 주말에는 주말드라마를 보며 한 주를 마감했다. 골수 음악팬을 위한 라디오 프로그램이 한밤중에 편성되어 졸린 눈을 비비며 잠을 쫓는 일도 있었다. 말하자면 예전의 삶은 신문, TV, 라디오와 같은 매스미디어의 편성 시간에 맞춰 돌아갔다.

이제는 조간신문이나 저녁 뉴스를 기다리지 않는다. 인터넷 브라우저 속에 시시각각 뉴스가 업데이트되기 때문이다. 보고 싶은 영화, 드라마, 연예 프로그램을 스마트폰으로 언제든 시청할 수도 있다. 영상을 잠시 멈추거나 앞뒤로 돌려 보는 것쯤은 일도 아니다. 프로그램 편성 시간에 맞춰 라디오 앞에 앉지 않아도 언제나 좋아하는 음악을 들을 수 있다. 인터넷 시대, 일상의 시계는 전적으로 개개인의 입맛에 맞춰져 있다.

과거에 신문, TV, 라디오, 잡지 등의 매스미디어는 사회적으로 유의미한 정보인터넷 세상에서는 보통 콘텐츠contents라고 부른다를 독점적으로 유통했다. 흥미롭고 새로운 정보는 신문 기사나 TV와 라디오의 프로그램에서 접했다. 따라서 사람들은 세상 돌아가는 소식에, 새로운 정보에 뒤떨어지지 않기 위해 매스미디어의 편성 시간에 생활 리듬을 맞췄다. 그런데 인터넷이 등장하면서 이렇게 정리된 시간의 질서가 흔들리기 시작했다.

인터넷 웹사이트에서 매시간 매분 업데이트되는 뉴스 속보를 접하고, 동영상 사이트에서 내 입맛에 맞춰 추천하는 음악을 골라 듣는다. 드라마도 편성 시간과 상관없이 원하는 회차를 골라 볼 수 있다. 처음 방영하는 시간에 맞추어서 프로그램을 보는 '본방 사수'는 팬심과 충성도를 드러내는 방법이다. 그만큼 방영 시간에 맞추어 TV 앞에 앉는 일이 드물어졌다는 뜻이기도 다. 물론 지금도 스포츠 생중계처럼 특정 시간에 맞추지 않으면 즐거움이 반감되는 행사가 있다. 이때는 많은 이가 시간에 맞춰 TV 앞에 앉는다. 하지만 특별한 경우가 아닌 이상, 매스미디어가 짜놓은 시간에 맞추어 생활 리듬을 조정하지는 않는다.

사실 이런 변화는 매스미디어에 큰 위협이었다. 사람들의 눈길을 잡아둘 수 없다면, 가장 큰 수입원인 광고 매출에 타격을 입기 때문이다. 여기에 엎친 데 덮친 격으로 기존과는 전혀 다른 문화 코드가 인터넷에서 큰 영향력을 발휘하기 시작했다. 진지한 전문성으로 승부했던 매스미디어와는 달리, 솔직함과 독창성이 매력인 아마추어 창작자 집단이 눈길을 끌기 시작한 것이다.

새로운 문화 코드: 병맛, 엽기, 허탈

신문이나 잡지, TV, 라디오 프로그램이 독점적으로 콘텐츠를 유통하던 시절, 매스미디어의 사회적 영향력은 절대적이었다. 그런데 디지털 미디어와 인터넷이 등장하며 예상치 못했던 경쟁자가 무대에 올랐다. 매스미디어 산업에 종사하지 않는 아마추어, 보통 사람이 만드는 콘텐츠가 사회에 널리 퍼질 수 있는 길이 열린 것이다.

PC와 프린터만 있으면 누구나 그럴듯한 인쇄물을 만들 수 있다. 고성능 카메라가 달려 있는 휴대폰으로 전문 사진작가나 사진기자 못지않게 훌륭한 사진을 찍을 수 있고, 조금만 노력하면 동영상 촬영이나 편집도 문제없다. 디지털 미디어로 손쉽게 질 좋은 콘텐츠를 만들 수 있을 뿐 아니라, 인터넷에서 독자나 시청자를 확보할 수 있다. 굳이 매스미디어의 힘을 빌리지 않아도 사회적 영향력을 발휘할 수 있는 것이다.

2000년대 초반, UCC라는 개념이 시대를 풍미했다. 출판사, 신문사, 방송국 등에서 일하는 전문 인력이 아니라 아마추어 이용자가 제작, 공유하는 콘텐츠를 가리킨다. '이용자가 만드는 콘텐츠User Created Contents'라는 뜻의 영어 단어 앞 글자를 따 UCC라고 불렀다. 한마디로 불특정 다수의 아마추어가 제작하고 공유하는 콘텐츠를 뜻한다. 이때는 UCC야말로 매스미디어의 대항마이자 인터넷의 저력으로 주목을 받았다.

매스미디어는 UCC의 급부상이 위기가 되지는 않으리라 안이하게 생각했던 것 같다. 수십 년 동안 정보를 독점했고 콘텐츠를 유통한 경험이 풍부하니, 그만큼 사람들이 무엇을 원하는지 제일 잘 알고 있다고 굳게 믿었다. 기술이 좋은 아마추어가 프로를 이길 수는 없다고 판단한 것이다. 실제로 아마추어가 전문가 집단을 뛰어넘는 콘텐츠를 만드는 경우는 드물다고 할 수 있다.

그러나 아마추어 창작자들의 다양한 취향과 개성이 반영된 콘텐츠가 인터넷에 넘쳐흐르게 되면서 상황이 바뀌었다. 콘텐츠를 원하고 소비하는 사람들의 취향이 이전과 비교할 수 없을 정도로 다양해졌다. 소박하고 개성 넘치는 아마추어 감성이 매력으로 받아들여지기도 한다. 사람들이 더 이상 전문가 집단이 갖춘 완성도만을 요구하지 않게 된 것이다. 인터넷의 존재감이 커지면서 콘텐츠 생태계의 구성이 이전보다 훨씬 다양해지기 시작했다. 말하자면 매스미디어와 인터넷의 경쟁이 본격화되었다고도 할 수 있다.

로맨틱코미디영화의 고전으로 회자되는 〈엽기적인 그녀〉 2001는 PC통신 게시판에 연재된 이용자의 이야기를 영화화한 것이었으므로, UCC의 저력을 상징하는 초기의 사례로 주목을 받았다. 이제는 인터넷이 매스미디어에 앞서 새로운 소재와 감성을 제공하는 일이 비일비재하다. 연예인보다 유튜버가 인기를 끌고, TV 드라마보다 웹툰이 유명하다. 콘텐츠 제작자들은 인터넷에서 유행하는 트렌드를 파악하기 위해 갖은 애를 쓰고, TV에서는 SNS의 유명인을 프로그램에 초대하기 위해 노력한다. 새로운 것을 생각하거나 만들어보려고 할 때는 누구라도 우선 인터넷 브라우저를 열어본다. 일단 창의성이라는 측면에서 인터넷이 완승을 거둔 듯 보인다.

인터넷에는 진지하고 고리타분한 매스미디어에 비해 신선한 감각, 새로운 주장, 기발한 아이디어가 넘친다. 인터넷 창작자의 힘은 매스미디어의 전문가 집단보다 수준 높은 콘텐츠를 만드는 것이 아니다. 대중매체가 구현하기 어려운 솔직하고 독특한 문화 코드를 거리낌 없이 드러내는 대담함에 있다. 병맛, 엽기, 허탈 등 새로운 감각이 대중의 눈을 사로잡기 시작했다.

문제는 UDC다!: 콘텐츠 비즈니스를 이끄는 새로운 힘

가수 싸이의 노래 〈강남스타일〉은 2012년 뮤직비디오를 공개한 뒤 세계적으로 큰 화제를 불러일으켰다. 뮤직비디오는 세계 최초로 유튜브에서 10억 번 이상 재생된 인기 콘텐츠가 되었고, 싸이는 단번에 월드 스타로 부상했다. 흥겨운 리듬과 기억하기 쉬운 멜로디, 열정적인 춤을 곁들인 뮤직비디오가 인기 비결이라고 한다. 그러나 이 노래가 세계적으로 열풍을 불러일으킨 배경에는 소셜네트워크서비스SNS: Social Network Service, 트위터, 인스타그램, 페이스북 등 인맥으로 연결된 콘텐츠 서비스를 뜻한다의 폭발적인 전파력이 있었다. 한국어를 몰라도 쉽게 이해할 수 있는 익살스러운 뮤직비디오와 중독성 있는 리듬이 전 세계의 SNS에서 와글와글 입소문을 타기 시작했다.

입소문이 궤도에 오르면서 파급 효과는 걷잡을 수 없이 커졌다. 원래의 뮤직비디오뿐 아니라, 리액션 비디오콘텐츠를 보는 시청자의 반응을 촬영한 동영상와 패러디 비디오콘텐츠의 내용을 풍자해서 재구성한 동영상 등 수많은 관련 동영상이 함께 나돌았다. 이어 전 세계의 매스미디어가 SNS에 불어닥친 〈강남스타일〉이라는 화젯거리에 관심을 보이기 시작했다.

UCC는 스스로 콘텐츠를 만들고 유통하는 적극적·능동적 인터넷 이용자들에게 해당하는 개념이었다. 입담 좋게 자신의 연애 '썰'을 풀어 영화 〈엽기적인 그녀〉의 단초를 제공한 무명의 게시판 작가가 UCC를 이끄는 아마추어 창작자의 대표 이미지다.

문제는 이런 아마추어 창작자가 전문적인 집단보다 뛰어난

〈강남스타일〉은 전 세계에 영향을 미치는
인터넷의 배급력을 증명했다.
그 힘은 불특정 다수의 인터넷 이용자에게서 나온다.
이들은 인터넷 초창기에 주목받았던
아마추어 창작자와는 성격이 다르다.

성과를 올리는 '대박'이 그리 자주 일어나지 않는다는 사실이다. 인터넷이 있다고 해서 모든 이용자가 창작에 전념하지는 않는다. 누구는 의지가 없고, 누구는 재능이 없다. 때로는 적절한 도구를 구하기 쉽지 않다. 무엇보다 다들 너무 바쁘다. 공부하고 돈 벌고 친구와 어울리는 것만으로도 하루가 꽉 차는데, PC 앞에 붙어 앉아 콘텐츠를 제작할 마음을 내기는 쉽지 않다.

더구나 인터넷에는 질 좋은 콘텐츠가 넘친다. 이런 콘텐츠 사이에서 경쟁하며 세상 사람들에게 인정받는 일은 어렵다. 결국 괜찮은 콘텐츠를 꾸준히 만들어내는 것은 여전히 각종 매스미디어나 제작사 같은 전문가 집단이다. 〈강남스타일〉만 해도 개성 있는 음악으로 정평이 난 프로 뮤지션의 작품이 아닌가.

사실 콘텐츠의 영향력을 끌어올리는 인터넷의 힘은 무한한 배급력에 있다. SNS에서 '팔로우'로 굳건하게 엮인 불특정 다수의 '좋아요'는 엄청난 힘을 발휘한다. 콘텐츠를 추천하고 재배포하는 일은 직접 만드는 것보다 시간과 노력이 덜 든다. '복사하기 Ctrl+C'와 '붙이기 Ctrl+V'를 할 줄 안다면 콘텐츠를 간단하게 다른 게시판으로 옮길 수 있다. 게다가 SNS에는 콘텐츠를 재배포할 수 있는 기능이 아예 붙어 있다. 카카오톡에는 이용자 전달 기능이, 트위터는 리트윗 버튼이 있다. 인스타그램과 페이스북은 이용자가 좋아요 버튼을 많이 누를수록 더 자주 네트워크에 노출되도록 되어 있다. 수많은 사람의 좋아요 반응을 이끌어낼 수 있다면 얼마든지 화젯거리를 만들 수도 있다. UCC라는 개념이 시들해지는 사이에 UDC User Distributed Contents라는 새로운 용어도 등장했다. '이용자가 배급하는 콘텐츠'라는 뜻으로, SNS 이용자들의 적극적인 선택이 결과적으로 콘텐츠의 영향력을 넓히고 가치를 높인다는 점에 주목한 개념이다.

이런 상황은 매스미디어와 인터넷이 피 터지게 싸우는 경쟁자만은 아니라는 점을 나타낸다. 실제로 둘의 관계는 협력자에 가까워지고 있다. 방송사는 온라인커뮤니티의 TV 드라마 팬클럽을 지원하고, 언론사는 포털사이트에 뉴스를 제공해 언론사 웹사이트로 접속하도록 유도한다. 가수는 SNS 공간에서 팬들과 직접 소통하고, 유튜브에 뮤직비디오를 공개한다. 콘텐츠를 인터넷에 무료로 배포해서 가능한 한 많은 사람이 볼 수 있게 하면 결과적으로 엄청난 홍보 효과를 거두게 된다. 매스미디어의 일부는 인터넷에 합류했고, 인터넷 역시 매스미디어와의 협업에 적극적이다.

이제는 인터넷에서 활약하는 불특정 다수와 무관하게 세상에 알려지는 콘텐츠가 드물다. 그만큼 인터넷의 배급력이 강하다는 뜻이다. 방송국이나 신문사를 독점한 소수의 엘리트가 영향을 미치던 시대와 비교해 보통 사람들의 목소리가 커졌다고 표현할 수도 있다.

하지만 모든 일에는 부작용이 따르기 마련이다. 인터넷에서 인기를 끌기 위해서라면 무엇이든 가리지 않고 감행하는 사람이 생겨났다. 지금 이 순간에도 점점 더 커지고 있는 인터넷의 배급력이 '관종 관심을 지나치게 받고 싶어 하는 사람을 뜻하는 신조어, 관심 종자를 줄인 말' 현상을 부추기는 것이 아니냐는 우려도 나온다.

관심경제학으로 풀어보는 관종 심리

인터넷에서 관심을 끌기 위해 사생활을 거리낌 없이 공개하거나 자신을 위험에 몰아넣는 행동을 서슴지 않는 사람들이 있다. 이들은 자기 과시 욕구에 가득 찬 집단이라는 의미에서 '관종'이라는 야유를 받는다. 조롱 섞인 호칭에서 알 수 있듯 이런 행동에 대한 사회적 평가는 부정적이다. 그런데도 각종 SNS와 게시판에는 관종이 드글드글하다.

우선 짚어두고 싶은 것은 관종이 한국에만 있지는 않다는 점이다. 세계 곳곳에서 비슷한 이야기가 보고된다. 위기일발의 위험한 순간에 인스타그램에 올릴 셀카를 찍다가 목숨을 잃었다는 어처구니없는 이야기도 들리고, 범죄 행위를 트위터에서 자랑해 체포당한 볼썽사나운 좀도둑 이야기도 회자된다. 상식적으로는 납득하기 어려운 행동이 전 세계 어디에서나 나타나는 보편적 현상이 되고 있다.

그저 나사 빠진 사람들의 일탈행동으로 치부하기보다는 이런 현상이 일어나는 구조적 이유에 대해 생각해봐야 한다. 종종 '인기 유튜버가 큰돈을 번다' 또는 '돈 벌기 위해 유튜브를 시작했다' 같은 말을 듣는다. 역시 경제학적 사고방식이 관종을 이해하는 데 효과적이다. 돈을 벌기 위해 관심을 끈다는 흔해 빠진 이야기가 아니라, '왜 관심을 끄는 행동이 돈이 될까?'라는 질문에서 시작해보자.

전통적으로 경제활동의 기초는 돈과 노동이었다. 경제학에서 추구하는 효율은 한정된 자본과 노동력을 활용해서 효과적으로 이익을 보는 방법을 일컫는다. 과거에는 자본과 노동력이야말로 가치의 원천이었지만, 요즘에는 최신 기술 관련 지식이나 아이디어 같은 무형의 정보가 자본이나 노동력을 넘어서는 힘을 발휘하기도 한다.

1970년대 애플이라는 이름의 작은 회사가 개인용 컴퓨터를 팔기 시작했을 때 성공을 예측한 자는 거의 없었다. 하지만 얼마 지나지 않아 애플의 PC는 전 세계 컴퓨터 시장을 석권했다. 이 회사는 2008년 '아이폰'이라는 이름의 스마트폰을 출시해 또한 번 혁신을 이루어냈다. 애플의 성공 비결은 대단한 자금력이나 값싼 노동력에 있지 않았다. 시장을 앞서서 읽어내는 통찰력으로 성공을 이루었다. '아는 것이 힘이다'라는 격언이 이보다 더 잘 들어맞을 수 없다.

1960년대 활동한 미국의 경영학자 피터 드러커가 제창했던 '지식경제 Knowledge economy'는 아는 것이 힘이라는 격언을 경제학적으로 설명한 개념이다. 자본도 노동도 아닌 지식과 정보가 경제적 가치를 만들어낼 수 있다는 뜻이다. 말하자면 애플은 지식경제의 전형적인 성공 사례라고도 할 수 있다.

'정보의 바다'로 비유되는 인터넷은 '돈이나 노동보다 정보'라는 지식경제의 조언이 제대로 먹힐 것 같은 곳이다. 그런데 바로 거기에 함정이 있었다. 인터넷에서는 검색창에 키워드만 입력하면 수백수천 건도 넘는 관련 정보가 순식간에 준비된다. 웹사이트는 분초를 다투며 업데이트되고, 이보다도 더 빠른 속도로 SNS 타임라인에는 정보가 올라오고 사라진다. 솔직하게 말하자면, 인터넷 시대의 정보는 처치 곤란한 물건처럼 느껴진다. 지긋지긋한 생활환경이라는 말이 더 어울릴지도 모른다.

상황이 이렇게 되니 인터넷의 지식과 정보 그 자체로 희소가치라고 하기는 어려워졌다. 오히려 무수히 많은 다른 정보와의 경쟁을 뚫고 누군가의 클릭을 얻는 것이야말로 절실한 과제다.

내가 올린 콘텐츠에 사람들이 관심을 보인다는 사실, 그 자체가 심리적 만족이며 사회적 보상이다. 그러다 보니 관심을 끌고자 하는 욕망은 점점 더 강해진다. 콘텐츠를 올리거나 댓글을 쓰면서 더 많은 조회수와 더 많은 좋아요를 원하고, 실제로 그렇게 관심을 얻는 것이 제일 큰 만족감을 준다. 정보와 지식이 희소가치라는 지식경제의 원리와는 정반대의 상황이 벌어지고 있는 것이다. 인터넷에서는 조회수, 클릭, 리트윗, 좋아요 횟수 등으로 환산되는 이용자들의 관심이 희소가치이며, 최소한의 노력을 기울여 최대한의 관심을 얻는 것이 경제적 효용이다. 이 점을 설명한 개념이 바로 '관심경제Attention economy'다.

인터넷 세상에서 관심을 상징하는 것은 클릭이다. 관심경제 원칙을 따르다 보면, 클릭을 이끌어내기 위해서 무엇이든 감수하겠다는 태도도 합리적인 의사 결정이다. 가능한 한 사람들의 호기심을 자극해서, 최대한의 관심을 이끌어내는 것이 효율적이라는 논리가 성립하는 것이다. 이 논리에 근거하면 본인에게 피해를 주면서까지 과장된 행동을 하거나 사생활을 공개하는 관종 심리를 설명할 수 있다. 자기 과시 욕구에 눈이 멀어 비합리적으로 행동하는 것이 아니라, 희소가치인 관심을 끌기 위해 경제적으로 행동한 결과라고 볼 수 있는 것이다.

관심경제라는 개념은 관종 심리뿐 아니라 인터넷에 넘쳐나는

유튜브는 관심경제가 기능하는 전형적인 콘텐츠다.
유튜브에서는 사람들의 관심이 직접적인 광고 수익으로
연결된다. 정보를 재미있고 알기 쉽게 전달한다는
이점도 있지만, 눈길을 끌기 위해 만든 선정적이고
자극적인 콘텐츠가 범람한다는 부작용도 두드러진다.

정보의 흐름을 이해하는 데도 도움이 된다. 수많은 정보가 동영상 사이트나 블로그, SNS 등에 자발적으로 공개되는 이유를 알수 있다. 인터넷에는 양질의 지식과 엄청난 양의 정보가 시시각각 업데이트되고, 덕분에 전문 교양서적에서도 접하기 어려운 고급 정보도 비교적 손쉽게 구할 수 있다. 이는 사람들이 희소가치인 관심을 얻기 위해 기꺼이 자신의 지식과 정보를 내놓은 것이라고 해석할 수도 있다. 유튜브는 사람들의 관심을 얻는 만큼 광고 수익을 가져갈 수 있게 해준다. 관심경제를 직접적인 비즈니스 모델로 활용한 사례다.

부정적인 영향도 만만치 않다. 관심을 얻기 위해 폭주하는 풍토 속에서는 단순히 볼거리로만 소비되는 선정적 콘텐츠가 범람한다. 유튜브에는 시청자 수가 올라간다는 이유로 외설적·폭력적인 장면을 담은 영상이 공공연히 올라온다. 엄청난 양의 음식을 차려놓고 그저 아귀아귀 먹는 모습을 보여주는 '먹방'은 유익한 콘텐츠는 아니지만 신기해서 넋을 놓고 보게 된다. 볼거리콘텐츠가 모두 나쁘다고는 할 수 없다. 하지만 사회적인 가치보다 사람들의 관심이 더 중요하다는 사고방식이 공공의 이익을해칠 수도 있다. 관심경제의 원리가 작용한다고 해서 관종 자체가 긍정적이라는 뜻은 아니다. 관심경제의 측면에서는 합리적인 의사 결정이라고 해도, 사회적으로 바람직하지 않은 결과를 낳는 경우가 많고, 이 때문에 많은 이가 눈살을 찌푸리는 것도 사실이다. 오직 관심을 얻기 위해 다른 가치를 포기하는 것이 과연 현명한가. 악플이나 야유 같은 부정적인 관심도 가치 있다고 봐야 할 것인가. 우리는 관심경제와 관련한 여러 문제를 차분하게 생각해봐야 한다. 인터넷에서 '관심을 끈다'는 목표를 중요시하는 경향은 앞으로도 강해지면 강해졌지 약해질 것 같지는 않다.

동영상 전성시대: 관심경제의 빛과 그림자

'떡볶이를 맛있게 만드는 방법'이라는 정보가 있다고 하자. 이 정보를 콘텐츠로 포장하는 방법은 여러 가지다. 요리법을 순서대로 잘 정리해서 글로 쓸 수도 있고, 요리 과정을 찍은 사진에 간단한 설명을 곁들일 수도 있다. 아니면 아예 떡볶이를 만드는 과정을 동영상으로 만들 수도 있다. 이 중에 어떤 콘텐츠를 선택하겠는가. 모두 같은 레시피지만 아무래도 초보자가 보고 따라 할 수 있는 가이드 동영상이나 먹음직스러운 떡볶이 사진을 곁들인 콘텐츠가 더 인기 있을 것이다.

비슷비슷한 정보가 함께 있는 상황 속에서는 정확한 정보를 제공하는 것만으로 부족하다. 아무래도 더 눈에 잘 뜨이는 정보, 순간적으로 호기심을 불러일으키는 정보를 클릭하기 마련이다. 어떤 정보인가에 못지않게, 정보를 어떻게 보여주느냐가 중요해진다. 보기 좋은 콘텐츠가 더 많은 클릭을 얻는다는 사실은 관심경제의 진리다.

많고 많은 인터넷 콘텐츠 중에서 특히 동영상의 인기가 식을 줄 모르는 것도 '기왕이면 다홍치마'를 원하는 관심경제의 원리에서 보면 당연한 일이다. 게다가 스마트폰에는 카메라와 간단한 편집 프로그램이 기본으로 설치되어 있다. 이제는 누구나 마음만 먹으면 그럴듯한 동영상을 만들 수 있다. 방송국에서는 엄청난 설비와 인력이 필요한 생중계도 인터넷 연결만 안정적으로 되면 집에서도 할 수 있다.

온라인게임의 경기 영상을 재생하는 채널에 접속자가 몰리는가 하면, 말 한마디 없이 묵묵히 공부하는 모습을 보여주는 기발한 방송이 눈길을 끌기도 한다. 어린이나 애완견이 연예인 못지않은 인기를 누리기도 하고, TV에 출연한 적이 한 번도 없는데 영화배우에 버금가는 인지도의 스타가 되기도 한다. 동영상을 감상하면서 관심을 '지불'하는 입장에서 동영상 사이트는 흥미진진한 콘텐츠가 끊이지 않는 보물 창고와 같다. 하지만 조금이라도 많은 이의 관심을 끌기 위해 아이디어와 기동력을 다투는

크리에이터에게 동영상 사이트는 무자비한 전쟁터나 정글이다. 그 속에서 살아남기 위해서 관종이라는 손가락질을 감수하면서도 과장된 표현이나 선정적인 영상을 내보내는 것이다.

미디어 사업은 기본적으로 사람들의 주의를 끌고 관심을 모으는 데서 시작한다. 사람들의 눈길이 모였을 때 광고 문구를 노출함으로써 수익을 올리는 시스템이기 때문이다. 신문, TV, 라디오 등 기존의 매스미디어는 관심을 끌기 위한 방법을 고안하는 일의 전문가다. 신문사가 미인 대회를 주관하거나 방송국이 음악 경연 대회를 주최하고 축구 경기를 후원하는 것은 사람들의 관심을 효과적으로 끌기 위해 예전부터 쓰인 방식이다. 인터넷만큼 적나라하지는 않지만 전통적인 대중매체에서도 관심경제가 힘을 발휘한다.

하지만 매스미디어는 오래전부터 '공공에 이득이 되는가'라는 엄격한 기준에 따라 관리, 감독을 받아왔다. 민주주의 사회에서 신문과 방송은 권력을 감시하고 '표현의 자유'를 지키는 공적인 역할을 수행한다. 공공의 이익에 부합하는 콘텐츠를 내보내야 한다는 공적 의무를 짊어진 만큼 어느 정도의 지위와 특권을 인정받았고, 사회적인 존경도 받았다. 따라서 광고 수익을 높인다는 명분으로 자극적인 콘텐츠를 내세워 대중의 관심에만 부합하려 한다면, 가차 없이 사회적 비판을 맞닥뜨린다. 실제로 언론의 공공성을 유지하기 위한 사회적 기구가 마련되어 폭주를 막는 힘이 되어왔다. 사실에 입각한 공정한 보도를 게을리하는 신문과 방송에 '기레기 기자를 쓰레기에 빗댄 신조어'라는 사회적 비난이 쏟아진다. 그만큼 신문과 방송에는 공적인 역할을 기대한다는 뜻이기도 하다.

그에 비해 인터넷 동영상 사이트는 제동장치가 없다. 다양하고 흥미로운 콘텐츠에 쉽게 접근할 수 있다는 이점을 무시할 수는 없다. 그러나 눈길을 끌 수만 있다면 무엇이든 서슴지 않는 관심경제의 난점 때문에 자극적인 콘텐츠가 시시각각으로 올라온다. 전 세계적으로 문제가 되고 있는 거짓 뉴스가 동영상 사이트에서 특히 기승을 부리는 상황도 이와 관계있다고 봐야 할 것이다.

매스미디어가 독점하던 정보 제공 기능이 분산되고 있다는 점은 긍정적이다. 다채로운 배경과 생각, 감각을 가진 사람과 접할 기회가 늘었고, 그만큼 다양한 표현의 기회도 생기고 있다. 예전에는 TV나 라디오에 출연하면서 인지도를 유지하던 정치인이나 연예인 들도 팟캐스트나 유튜브 같은 인터넷 플랫폼에 솔선해서 얼굴을 내민다. 과거에는 매스미디어가 대중적 인지도를 좌지우지해왔다면, 이제는 다양한 인터넷 플랫폼에서 이름을 알릴 수 있게 된 것이다.

그러나 선정적이고 자극적인 콘텐츠가 인터넷 미디어의 주축인 양 자리 잡아가는 상황은 우려스럽다. 이용자의 상식과 감각이 저하되었기 때문이 아니라, 관심경제라는 개념이 시사하듯 인터넷의 구조적인 문제에서 비롯되었다고 보인다. 어느 정도는 피할 수 없는 운명이겠지만, 다른 한편으로는 사회적으로 함께 고민해야 하는 과제인 것이다.

뉴미디어가 올드미디어를 죽이는가

두 번째 이야기를 시작하면서 '종이 신문에 미래는 있을까?'라는 회의적인 물음을 던졌다. 사실 이 질문은 '뉴미디어가 올드미디어를 죽이는가?'라는 케케묵은 의문으로 대체할 수 있다. 새로운 미디어가 등장할 때마다 기존 미디어에 위기가 닥쳤다는 회의적인 전망이 제기되어왔다.

1980년대 비디오테이프의 등장이 TV와 영화산업의 큰 위기로 받아들여진 적이 있었다. TV 프로그램을 자유자재로 녹화하고 재생할 수 있게 된다면 시청자가 방송 시간에 맞춰 TV 앞에 올 이유가 없지 않은가. 비디오테이프 대여가 늘어나면 영화를 보기 위해 극장을 찾을 이유도 없지 않은가. 매스미디어 업계를 중심으로 불길한 전망이 잇따랐다. 그런데 이제 와서 보면, 현실은 전혀 다르게 돌아갔다. 비디오테이프가 생긴 이후 영화나 TV 사업은 오히려 크게 성장했다. 비디오테이프를 판매·대여하면서 수익원이 다양해졌고, 배포처가 많아지면서 작품의 영향력도 전보다 훨씬 더 커졌다.

뉴미디어가 세상에 나오면 올드미디어는 필연적으로 변화를 겪는다. 인터넷신문이 등장한 이후 언론은 격렬한 지각 변동을 겪고 있고, 유튜브 같은 온라인 동영상 플랫폼이 승승장구하면서 광고 시장도 엄청난 변화를 맞이했다. 이런 변화를 반영하듯 인터넷의 등장 이후 매스미디어 위기론이 심심치 않게 들려온다. 새로운 미디어의 등장은 기존 미디어로 사업을 벌이는 개별 주체, 즉 신문사나 방송국, 제작사 등을 어려움에 빠뜨린다. 이것은 틀림없는 사실이다. 하지만 그렇다고 해서 뉴미디어가 올드미디어를 죽인다고 단언할 노릇은 아니다. 비디오테이프가 TV와 영화산업을 오히려 부흥시켰던 선례처럼, 장기적으로 볼 때는 시장 전체에 더 좋은 결과를 가져올 수도 있다.

생각해보자. 인터넷신문이 나타난 이후 종이신문을 주요 수입원으로 삼는 사업의 규모가 쪼그라든 것은 사실이다. 종이신문의 발행부수가 줄었고 광고 매출도 뚝 떨어졌다. 하지만 뉴스 콘텐츠의 규모는 전체적으로 성장 중이다. 다양한 주제를 다루는 온라인 뉴스 사이트가 발 빠르게 생겨나고, 광고 이외의 사업과 연계해 수익을 올릴 기회도 많아지고 있다. 우후죽순 격으로 늘어나는 온라인 뉴스와 클릭 수 경쟁 때문에 뉴스의 질이 떨어진다는 부정적인 면도 있지만, 그만큼 신뢰할 만한 뉴스채널이 돋보이고 있다. 결과적으로 보자면 인터넷 등장 이후 신문사나 개별 온라인 뉴스의 흥망은 갈렸지만 질 좋은 뉴스에 대한 수요는 증가했다.

비슷한 사례로 2000년대에는 디지털 음원 때문에 음악산업이 궁지에 몰렸다는 이야기가 자주 나왔다. 디지털 음원을 인터넷에 공유하는 사람이 많아지면서 음반이 팔리지 않으리라는 우려였다. 이 예측은 어느 정도 맞았다. 실제로 CD 형태의 앨범은 거의 사라졌다. 하지만 음악산업은 궁지에 몰리기는커녕 오히려 발전했다. 디지털 음원을 구매하거나 스트리밍서비스를 구독하는 방식이 널리 퍼지면서 전체 매출 규모는 꾸준히 성장 중이다. 게다가 라이브콘서트나 음악페스티벌에 기꺼이 지갑을 여는 풍토도 생겼는데, 언제 어디서나 음악과 함께할 수 있는 환경을 제공한 디지털 음원의 장점이 긍정적으로 작용했다.

새로운 미디어가 몰고 올 변화는 예측하기 어렵다. 그런 면에서 '위기론'은 기존 시장을 선점한 올드미디어가 뉴미디어를 상대로 펼치는 여론전 성격도 보인다. 실제로 올드미디어의 기득권을 방어하는 효과가 나타나기도 한다. 예를 들어 음악산업을 보호하기 위해 음원 공유 사이트를 대대적으로 단속한다거나 뉴스 사이트를 새로 만드는 일에 관한 법령이 엄격해지는 움직임 등은 올드미디어가 선방한 것으로 읽을 수 있다. 뉴미디어가 올드미디어를 '죽일지도 모른다'는 호들갑이 두드러지지만 적어도 아직은 올드미디어의 건재가 더 돋보이는 상황이 아닐까 싶다.

미디어의 역사 속에서 읽는
'리터러시'

리터러시 literacy 는 원래 글을 읽고 쓰는 능력을 뜻했다. 이 개념은 책이라는 미디어가 보통 사람을 위한 지식의 저장고가 되면서 중요해졌다. 이전의 책은 종교나 의례, 또는 상징적 장식품으로 활용되어 일반인의 지식 습득과는 인연이 없었다. 리터러시라는 단어가 '읽다'라는 뜻뿐 아니라 '듣다'라는 의미도 지니는 라틴어 '레제레 legere'에서 파생되었다는 사실은 의미심장하다. 글을 아는 이가 드물었던 시절의 독서란 누군가 목소리 높여 책을 낭독하면 함께 귀 기울여 듣는 행위였다. 근대 이후에 식자층이 늘어나면서 눈으로 문자를 따라가며 이해하는 조용한 독서, 즉 묵독이라는 개념이 비로소 생겼다. 책과 함께 등장한 리터러시라는 개념은 오랫동안 읽고 쓰는 능력의 대명사였다.

한 걸음 나아가 '미디어 리터러시 media literacy'는 매스미디어의 역할이 커지면서 나타난 개념이다. 20세기 중반 이후 TV 쇼, 상업영화 등이 본격적으로 등장했다. 유튜브 시대의 감각으로는 점잖기 짝이 없다고 할까, 지루하게 느껴질지 모르지만 당시에는 매우 자극적으로 받아들여졌다. 특히 할리우드 영화를 포함해 미국에서 크게 흥한 오락콘텐츠가 세계적으로 큰 인기를 끌면서 어린이와 청소년에게 나쁜 영향을 미칠 수도 있다는 우려가 커졌다. 캐나다같이 미국과 국경을 접한 지역을 중심으로 매스미디어를 분별 있게 수용하기 위한 교육과정을 학교에 도입

─ 지금은 남녀노소 누구나 읽고 쓸 줄 알지만, 글을 아는 이가 드물던 시대에는 누군가의 낭독을 듣는 것이 독서 행위였다. 프랑스 화가 장 바티스트 그뢰즈의 〈성경을 읽어주는 아버지〉1755년, 페렌스 미술관 소장.

하려는 움직임도 커졌다. 미디어 리터러시라는 개념은 '매스미디어를 바르게 수용하기 위한 시청자, 또는 독자의 교양'이라는 맥락에서 시작되었다.

인터넷 시대에는 범위가 더욱 넓어진 '디지털 리터러시digital literacy' 또는 '디지털 미디어 리터러시digital media literacy'라는 말이 등장했다. 뭔가 그럴듯한 능력을 뜻하는 듯한 뉘앙스지만 정작 이 단어가 자주 쓰이는 것은 디지털 범죄나 SNS에서 유포되는 가짜 뉴스 같은 인터넷의 부작용이 부각될 때다. 모든 이에게 평등하고 개방적인 인터넷의 구조는 모든 사람이 스스로 창작하고 발표하는 민주적인 미디어 세상을 실현했다. 하지만 디지털 기술과 네트워크를 교묘하게 활용한 신종 범죄나 악의를 담은 행위도 부추겼다. 인터넷은 잘 활용하면 좋은 도구지만 자칫 잘못하면 위험한 무기가 되는 양날의 칼이다.

디지털 리터러시라는 개념은 이 양날의 칼을 어떻게 하면 잘 사용할 수 있을까라는 문제에 이른다. 한편으로는 미디어를 적극적·창조적으로 활용하는 능력이 필요하고, 다른 한편으로는 거짓 정보나 사이버범죄에 속지 않도록 디지털 기술과 정보네트워크에 대해 잘 이해해야 한다. 스포츠에 비유하자면 공격 능력과 수비 능력을 둘 다 갖춰야 하는 상황이다. 미디어가 점점 발전하면서 이용자가 갖추어야 하는 능력과 소양도 더 커지고 있다.

플래시 몹, 인터넷에서 꽃핀 새로운 놀이 문화

2003년 6월 8일 일요일 오후였다. 일본 도쿄의 번화가 시부야의 '스크램블 교차로' 주변으로 검정 양복 차림의 사람들이 삼삼오오 모여들기 시작했다. 검은 선글라스에 넥타이와 구두까지 검은색으로 맞춘 복장은, 당시 개봉한 지 얼마 되지 않았던 할리우드 영화 〈매트릭스 2〉의 악역 스미스 요원과 똑 닮았었다. 횡단보도 앞에는 어느새 100여 명의 스미스 요원이 무표정하게 집결했다.

신호등이 초록색으로 바뀌자마자 스미스 군단은 횡단보도 건너에서 그들을 기다리고 있던 검은 옷의 세 명에게 다가갔다. 이들은 영화 속에서 스미스 요원과 대결하는 주인공 네오, 트리니티, 모피어스의 복장이었다. 검은 양복 군단이 순식간에 세 명을 포위했고 순간 싸움이 시작되는 듯했으나 네오의 가벼운 손동작한 번에 스미스 요원들은 요란하게 길거리에 나뒹굴었다. 잠시 후 스미스 군단은 힘차게 자리를 박차고 일어나 힘껏 박수를 친 뒤, 눈 깜짝할 사이에 뿔뿔이 흩어져 행인 속으로 자취를 감추고 말았다. 언제 그랬냐는 듯이 순식간에 길거리는 평온한 모습으로 되돌아왔다. 느닷없는 소동에 잠깐 넋을 잃었던 사람들도 가던 길을 다시 가기 시작했다.

영화 속의 한 장면을 오프라인에서 재치 있게 재현한 이 사건은, 일본에서 큰 인기였던 익명의 인터넷 게시판 2ch일본어로는 니찬네루라고 부르는 인터넷 게시판으로 1999년에 개설되었다. 오래된 역사만큼 지금도 많은 이용자가 방문한다에서 누군가가 재미 삼아 제안한 아이디어였다. 게시판에서 활동하던 불특정 다수의 유저가 자발적으로 시부야 거리에 모여 계획대로 '퍼포먼스'를 한 것이다. 이 기상천외한 이벤트가 성공적으로 개최되었다는 소식이 인터넷 게시판을 통해 재빠르게 퍼져나갔고, 다른 도시에서도 스미스 요원들이 출몰하기 시작했다. 2003년 여름의 매 주말, 일본의 어느 도시에선가는 늘 〈매트릭스 2〉의 한 장면이 재현되었다고 해도 과언이 아니다.

이 일은 인터넷으로 금세 우리나라에도 전해졌다. 이웃 나라의 소식이 실시간 뉴스로 보도되는 지금과 달리, 그때는 교포나 유학생이 번역해서 전달하는 게시글이 이런 일을 먼저 알렸다.

2000년대 이후 세계 곳곳에서 인터넷을 통해 모인
군중의 퍼포먼스가 늘어나기 시작했다.
2003년 도쿄 시부야의 번화가에서 〈매트릭스 2〉
영화의 한 장면을 재현한 퍼포먼스는
세계 최초의 플래시 몹이었다.

포털사이트에서 근무하던 나도 회사 게시판에 소개되었던 소식에 실소했는데, 얼마 지나지 않아 서울 대학로에 스미스 군단이 출몰했다는 소식을 들었다.

'플래시 몹flash mob, 순식간에, 섬광, 불빛이라는 의미의 플래시와 군중을 뜻하는 몹이 결합한 신조어'이란, 인터넷을 통해 모인 불특정 다수의 사람이 공공장소에서 사전에 모의된 일련의 행동을 한 뒤 해산하는 게릴라성 집단행동을 말한다. 일반적으로 집단행동은 정치적 주장이나 공공의 이익과 관련 있는 요구 사항을 담는다. 그에 비해 플래시 몹은 오직 재미를 만끽하는 것이 목적이다. 서로의 정체를 숨기고 비밀리에 정보를 주고받고, 약속된 시간과 장소에서 홀연히 합을 맞추는 퍼포먼스 속에서 짜릿한 쾌감과 성취감을 맛보는 것이다.

도쿄 시부야에 처음으로 스미스 군단이 등장했을 때는 플래시 몹이라는 말조차 없었다. 그런데 신기하게도 2003년을 전후해서 도쿄뿐 아니라 뉴욕, 워싱턴, 런던, 모스크바 등에서 비슷한 종류의 게릴라성 집단행동이 벌어졌다는 뉴스가 들려오기 시작했다. 세계 최초의 플래시 몹을 두고 여러 가지 이야기가 있다. 2003년 6월 17일 뉴욕 맨해튼의 한 백화점에서 여러 사람이 일제히 "사랑의 깔개를 사고 싶다"고 요청해 점포를 당황하게 했던 해프닝이 최초라는 주장도 있지만, 취합한 자료에 따르면 시부야의 스미스 요원 소동이 며칠 더 앞선다.

이렇게 2000년대 초반 인터넷에서 싹터 동시다발적으로 발생한 퍼포먼스 놀이를 플래시 몹이라고 부르기 시작했다. 세계 최초가 어디인가 하는 질문은 사실 별로 중요하지 않다. 플래시 몹 같은 새로운 스타일의 집단행동이 나타날 수 있는 조건이 같은 시기 세계 곳곳에 만들어져 있었다는 점이야말로 주목할 만하다.

플래시 몹의 가장 큰 특징은 익명성을 담보한 상태에서 계획이 세워지고 참가자가 모인다는 점이다. 플래시 몹은 기획하고 지휘하는 주체는 있지만, 기본적으로는 의지만 있다면 누구나 참가할 수 있는 '오픈 이벤트'다. 게시판에서 미리 참가 여부를 밝히지 않을 것, 현장에서는 서로 말을 섞지 말 것 등 지침이 있기도 하다. 하지만 이런 사항 역시 현장에서의 긴장감과 스릴을 더하기 위한 권장 사항일 뿐이며 굳이 어겨서 재미를 반감시킬 이유는 없다. 익명성, 가상공간을 바탕으로 한 집단의식, 자유의지에 근거해서 수행되는 새로운 놀이 문화, 역시 인터넷이다.

세   번째   이야기

가상공간과
온라인커뮤니티

　1492년 이탈리아의 탐험가 콜럼버스가 아메리카 대륙_{정확히 말}하면 중앙아메리카에 있는 바하마 제도에 발을 디뎠다. 그는 처음으로 항해술을 이용해 대서양을 횡단한 유럽인이었다. 덕분에 '인류 최초로 신대륙을 발견한 위인'으로도 일컬어진다. 위험천만했던 탐험의 가치를 깎아내릴 생각은 없지만, 그의 위업을 신대륙 발견으로 자리매김하는 것도 어색하다. 아메리카 대륙에는 유럽 대륙에 못지않은 오랜 역사가 있기 때문이다. 인류 최초로 그 대륙을 '발견'했다니, 이전에 그곳에 살았던 많은 사람은 인류가 아니라는 것인가. 지구가 땅과 바다로 연결된 하나의 행성이며 각각의 대륙에 그 나름의 역사가 존재한다는 사실이 입증된 만큼, 어떤 사람이 새로운 대륙을 처음으로 발견했다는 사실 자체가 성립하지 않는다고 해야 맞을 것 같다.

내 생각에는 인터넷이야말로 '인류가 처음으로 발견한 대륙'이라는 거창한 수식어가 어울리는 곳이다. 인터넷은 그냥 무수히 많은 컴퓨터가 통신망으로 촘촘하게 연결된 상태, 그 이상도 이하도 아니다. 컴퓨터가 발명되기 전, 통신망이 생기기 전에 그 세계는 존재조차 하지 않았다. 그런데 지금은 성별, 국적, 인종, 연령 등에 상관없이 수많은 사람이 바글바글 얽혀서 희로애락을 나누고 있다.

한 웹사이트 internetworldstats.com의 발표에 따르면, 2019년 전 세계 인터넷 이용자 수는 46억 명, 전 세계 인구의 절반을 훌쩍 넘는 사람이 인터넷에 접속한다고 한다. 세계에서 이용자가 가장 많다는 SNS에 등록된 계정은 20억 개가 넘는다. 이용자 등록을 하지 않아도 이용할 수 있는 웹사이트 구글은 1초에 4만 건의 검색을 처리하는 것으로 추정되었다. 1분에 1억 4000만 건이 넘는 질문이 몰려든다는 뜻이다. 이쯤이면 이 세상의 모든 정보가 인터넷에 있다고 해도 과언이 아니다. 이제껏 존재한 적 없던 엄청난 규모의 대륙이 홀연히 모습을 드러냈다고 해도 좋다.

세 번째 이야기는 온라인 공간에 대한 내용이다. 인터넷이 인류가 개척한 새로운 대륙이라면 그곳에서 무슨 일이 벌어지고 있는지 생각해보자. 네트워크가 바다라면 항해 끝에 미지의 세계에 도달하는 일도 있고 매일같이 들르는 곳에서 지루함을 느낄 수도 있다. 개중에는 인구 밀도가 낮은 곳도 있고, 사람들이 빽빽하게 모인 곳도 있다. 그곳에서 친구를 사귀기도 하고, 연인이 생기기도 하며 누군가를 미워하기도 한다. 이 모든 일이 인터넷이라는 신대륙에서 일어난다.

'가상공간'은 가짜 공간이 아니다

인터넷을 흔히 가상공간이라고 말한다. 공간이라고 하면 일반적으로 지리적 좌표가 있는 장소를 뜻하는데, 앞서 말했듯 인터넷은 불특정 다수의 컴퓨터가 구름처럼 모여 있는 네트워크다. 그런데 물리적으로는 통신케이블로 연결된 컴퓨터가 잔뜩 놓여 있는 상황에 불과하다. 그런 의미에서 인터넷을 가상공간이라고 말하는 것은 비유적 표현이다.

영어로 버추얼 스페이스virtual space라고 하는데, 버추얼이라는 단어가 '사실상의 것, 실제의 것', 또는 '본질적으로 의미가 있다'는 뜻이라는 것을 곱씹어 봐야 한다. 일반적으로 가상이라고 하면 실제가 아니라 상상, 조금 과장하면 가짜라는 이미지와 연결되는 경우가 대부분이다. 그런데 버추얼의 원래 의미는 정반대인 것이다.

— 대규모 인터넷 서비스 회사는 통신케이블로 촘촘하게 연결된 컴퓨터를 관리하는
물리적 공간을 운영한다. '데이터 센터'라고 부르는 이 공간이야말로 인터넷의
물리적인 근거라고 할 수 있다.

애초에 이 단어가 인터넷을 수식하게 된 이유가 있다. 오프라인에서 일어나는 모든 일이 실제로, 사실상 재현되는 곳이라는 의미였다. 온라인 공간이 진짜라는 것을 전달하기 위해서지, 가짜라는 것을 강조하려는 용어가 아니었다. 군더더기 없이 본질을 취하는 핵심이라는 뜻에서 붙인 것이다. 그런데 언제부턴가 모든 것이 실제로 일어나는 오프라인 장소와는 달리 상상 속의 거짓 공간이라는 이미지가 생겼다. 물론 온라인 공간은 손으로 만질 수 없고 피부로 느낄 수도 없다. 물리적인 기반이 확실한 오프라인 장소와 비교하면 실체가 없는 추상적인 정보에 불과하니, 온라인은 허상이라는 생각도 일리는 있다.

인터넷에서 취미를 공유하고 정보를 교환하는 온라인 카페°가 있다고 하자. 어떻게 보면 그냥 특정 주제에 대한 인터넷 게시판이 모여 있는 것이다. 하지만 게시판에서 정보를 주고받으면서 친분을 쌓고, 학교 친구나 직장 동료보다 친한 지인이 생기기도 한다. 온라인 카페는 사람과 사람을 연결하는 역할을 훌륭하게 수행한다. 물리적 만남이 일어나지는 않지만 의미 있는 정보

---

o 한국에서는 '카페'가 인터넷 커뮤니티를 뜻하는 말로 두루 쓰이고 있다. 이 명칭은 1999년 인터넷 포털 다음Daum이 새로 오픈한 인터넷 게시판 서비스에 카페라는 이름을 붙이면서 쓰기 시작했다. 후발 주자였던 네이버Naver 역시 인터넷 커뮤니티 서비스를 업그레이드하면서 카페라는 이름을 썼고, 이후 카페가 인터넷 커뮤니티를 뜻하는 일반명사처럼 쓰이게 되었다.

를 교환하고 친분을 쌓을 수 있다는 점을 볼 때, 온라인 카페는 가장 효율적으로 사교할 수 있는 곳이다. 즉, '버추얼'이라는 수식어는 온라인 공간이 사회생활의 장으로서 실제와 똑같은, 경우에 따라서는 더 훌륭한 역할을 수행한다는 의미에서 붙었다.

그런데 우리말로 번역되면서 가짜, 상상 등의 의미가 짙은 '가상공간'으로 변질되었다. 정반대의 뉘앙스를 풍기게 되었다고도 할 수 있다. 처음부터 '사실상 공간'이라든가 '실제 공간'으로 번역되었다면 온라인 공간에 대한 인식이 조금 달라지지 않았을까 하는 생각도 든다.

물론 정말로 가상으로 존재하는 세계도 있다. 예를 들어 온라인 판타지 게임 속에서 사람은 마법을 쓰고 동물은 말을 할 줄 안다. 몬스터가 동네를 활보하고, 순식간에 다른 좌표로 이동하는 텔레포트도 가능하다. 이런 곳은 실제로 존재하지 않는다. 오로지 상상력에 근거해서 만들어진 세계다. 이런 세계야말로 가상이라는 수식어가 어울리지만, 가상공간이라는 이름은 인터넷이 쓰고 있으니 '상상적 공간'이라고 불러보자.

상상적 공간이라고는 했지만, 이 공간은 상상 속의 공간이 아니라 실제로 존재한다. 로그인을 하면 들어갈 수 있는 그 상상적 공간에서 사람을 사귀고 다양한 방식으로 교류한다. 온라인게임 속 세상은 희로애락과 인간관계가 존재한다는 의미에서 버

一 인터넷에서 오프라인과 거의 비슷한 생활환경을 제공하는 게임, 세컨드 라이프의
화면이다. 인터넷에서 장소에 대한 비유가 자주 튀어나오는 것은 우연이 아니다.
웹사이트website라는 단어에서 사이트는 현장, 장소라는 뜻이다.
한국에서 온라인커뮤니티의 대명사인 카페cafe는 찻집을 이르며,
온라인쇼핑몰 역시 마트나 장터 등 물리적 장소를 뜻한다. ©Hyacinthe Luynes

추얼이라는 수식어를 붙일 수 있지만 공간 자체만 놓고 보면 상상 속에만 존재하는 허구의 장소다.

분명한 사실은 이제 우리의 삶은 물리적 공간이라는 단 하나의 차원에 한정되지 않는다는 것이다. 물리적 공간, 인터넷이라는 가상공간, 또는 온라인게임과 같은 상상적 공간이라는 서로 다른 차원을 오가는 것이 우리가 경험하는 삶의 리얼리티다.

온라인커뮤니티와 가상현실

온라인커뮤니티는 인터넷이 본격적으로 시작하기도 훨씬 이전, 아르파넷 시절에 태동했다. 앞서 '들어가며'에서 소개했듯 최초의 온라인커뮤니티는 아르파넷에서 싹튼 공상과학소설 애호가 모임, 'SF러버스SF-Lovers'라는 이메일 리스트였다. 공상과학소설을 좋아하는 아르파넷 멤버라면 누구나 자신의 이메일 주소를 등록해서 이메일을 구독할 수 있었다. 일단 온라인커뮤니티에 합류하면, 다른 멤버가 공유하는 공상과학소설에 관련한 정보와 의견이 속속 이메일로 도착했다. 멤버가 되면 투고도 할 수 있었다. 이렇게 정보를 공유하면서 교류하는 것이 온라인커뮤니티의 기본 형태다.

전자게시판 형태의 서비스가 등장하면서 온라인커뮤니티도 점차 진화했다. 주제에 따라 게시판이나 채팅방을 별도로 운영하거나 회원 등급을 두어 소속감을 갖고 활동할 수 있는 조치를 취하게 되었다. 포털사이트에서 운영하는 카페 서비스, 주제에 특화된 게시판 등도 기본적으로는 여기에서 크게 벗어나지 않는다.

다른 이들과 정보와 감정을 나눌 수 있는 온라인커뮤니티 덕분에 인터넷을 함께하는 사회적 공간으로 인식하게 되었다. 우리는 이제 가상공간 속에서 취미를 공개하고 기쁜 일을 알리며 슬픈 일은 위로받는다. 말 못 할 고민을 털어놓고 누군가의 조언에 귀를 기울인다. 이 모든 게 원래는 오프라인에서 일어나는 일이었지만 지금은 온라인에서도 활발한 사회생활이 이루어진다.

온라인커뮤니티의 등장으로 인터넷을 보는 관점이 획기적으로 바뀌었다. 인터넷이 단순하게 전자 정보를 공급하는 도구가 아니라, 사람들이 서로 부대끼고 소통하는 사회와 비슷하다는 점을 깨달은 것이다. 가상현실 VR: Virtual Reality 이라는 개념이 바로 여기에서 탄생했다. 오프라인 공간의 사회와 거의 다름없이 사람 사이의 상호작용이 벌어지고, 감정이 오가고, 얼굴을 맞대는 일은 없어도 신뢰가 쌓인다. 같은 공동체의 일원이라는 소속감도 생긴다. 물리적인 접촉이 없어도 실제와 다름없는 공동체를

```
Date: 15 SEP 1979 2216-PDT
From: LSTEWART at PARC-MAXC
Subject: "Demon Breed"
To:   SF-Lovers:

For the James H. Schmitz fans out there
        "Demon Breed" is out in Paperback!
Also, (slightly old news)
        "A Tale of Two Clocks" is out in paperback as "Legacy".

Now if only "Lion Game" would be re-printed...
        -Larry
-------

Date: 18 Sep 1979 9:25 am (Tuesday)
From: Brodie at PARC-MAXC
Subject: Star Trek: The Motion Picture
To: Science Fiction Lovers <SF^>

The latest (actually 3 months old) news about the release of ST-TMP suggests
that it will open December 9 at a theater near you.  (Inside sources at the Old
Mill Theaters in Mountain View say they will probably show it.)

Gene Roddenberry likes it.  Leonard Nimoy likes it.  It is reputed to be the
"best" Star Trek production yet made.  For further details see any issue of
STARLOG magazine.  If you can't find it, it is on sale at STAR BASE in
the San Antonio Shopping Center, Mountain View, and Out of Town News,
Harvard Square.
```

─ 아르파넷에서 인기 있던 SF러버스의 이메일 리스트에는 소설, 영화 등
   공상과학 장르에 대한 애호가들의 의견이 활발하게 공유되었다. 메일링 리스트는
   온라인 게시판이 생기기 이전, 온라인커뮤니티의 원시적 형태였다.

일구어나갈 수 있다는 것이다. 요즘에는 VR이라고 하면 현실과 큰 차이가 나지 않도록 오감을 정교하게 재현한 기술을 뜻하는 경우가 많다. 가상의 공간을 마치 실제로 존재하는 것처럼 생생한 감각으로 재현해주는 고글형 장비나 그런 장비를 이용한 게임 등이 VR 기술의 최고봉인 듯 소개되곤 한다. 하지만 원래 VR이라는 개념은 그런 뜻에서 생기지 않았다. 인터넷 속에서 대화가 오가고 공감하거나 대립하는 등 실제와 다름없는 상호작용이 일어나는 현상을 뜻하는 개념으로, 온라인커뮤니티에 임하는 사람들의 심리 상태를 설명한다고 할 수 있다.

온라인커뮤니티는 오프라인과 거의 다름없는 가상현실이지만 현실 세계에서 실현되기 어려운 문화도 독자적으로 존재한다. 나이, 성별, 소속 등을 따지지 않는 수평적 의사소통 방식이 대표적이다. 한국 사회처럼 상대에 따라 할 말과 못 할 말을 구분해야 하는 권위적인 문화에서는 이것저것 신경 쓸 필요 없이 편하게 이야기를 털어놓을 수 있는 온라인커뮤니티의 장점이 발휘된다. 온라인커뮤니티의 또 하나의 장점은 누가 시키지 않아도 스스로 움직이는 자발성이다. 필요한 것은 스스로 찾아내고 적합한 답이 없다면 자기가 해결책을 만드는 행동, 자발적이고 적극적인 정보 공유는 온라인 공간을 함께 만들어나가는 방식이다.

만난 적 없는 친구

한 번도 만난 적이 없지만 친근감을 느끼는 온라인 공간의 지인이 있는가. 인터넷 카페 게시판에 올린 글에 댓글을 단 누군가와 우정을 쌓기도 하고, SNS에서 포스트를 주고받으면서 친구가 되기도 한다. 온라인게임 속에서 팀이 되어 함께 싸우는 플레이어에게 끈끈한 동지애를 느낀다. 가족에게도 털어놓고 싶지 않은 고민을 익명 게시판에 올리고, 누군가의 진심 어린 답글을 조언 삼아 중요한 결정을 내리기도 한다. 외국어를 구사한다면 해외의 누군가와도 쉽게 친구가 될 수 있을지 모른다.

전통적인 사회에서는 지인이나 친구라고 하면 100퍼센트 얼굴을 보거나 만난 적 있는 사람이었다. 인간관계를 쌓으려면 맞대면이 필수였던 것이다. 물론 지금도 맞대면을 통해 쌓는 인간관계는 끈끈하고 굳건하다. 예를 들어 어린 시절의 습관이나 입맛까지 알고 있는 가족이나 친척, 학교에서 같은 반에 배정된 친구, 직장에서 일하면서 친분이 생긴 동료 등과는 얼굴을 맞대고 이야기를 나누면서 친분을 쌓는다. 많은 대화를 나누지 않았어도 일단 얼굴을 마주 보고 만났다면 관계가 있는 상대라고 인식한다.

대조적으로 온라인에서는 친구를 사귈 때에는 반드시 맞대면이 필요하지 않다. 처음에는 게시판이나 SNS에 글을 올리는 누군가의 아이디를 인식하는 데서 시작할지도 모른다. 한동안은 글을 읽기만 하다가 댓글이나 멘션을 주고받는 관계로 발전하고, 그러다 보면 어느새 친분이 쌓인다. 그렇게 어느 정도 신뢰가 쌓인 뒤에 '오프라인에서도 한번 만나자' 하고 의기투합하는 것이다. 우선 만나고 친구가 되는 것이 아니라, 일단 친구가 된 뒤에 비로소 얼굴을 본다. 인간관계를 맺어가는 과정이 오프라인 사회와 정반대라고 할 수 있다.

예전에는 초등학생 사이에 펜팔pen pal, 편지를 주고받는 친구이 유행했다. 어린이 잡지의 펜팔 코너에 엽서를 보내 자기소개도 하고 어떤 친구를 원하는지 밝힌다. 지금은 상상할 수 없는 일이지만 집 주소까지 공개했다. 펜팔 코너를 읽은 독자 중에 내 사연에 관심 있는 어린이가 답장을 보내면 친구 관계가 시작되는 것이었다. 편지로 속마음도 주고받고 더 친해지면 만나기도 했다. 나도 다른 도시에 사는 친구와 한동안 편지를 주고받은 일을 좋은 추억으로 기억하고 있다. 이렇게 보면 맞대면 없이 친구가 되는 관계가 반드시 인터넷 이후에 등장했다고 할 수만은 없겠다.

그러나 인터넷에서의 친구 사귀기는 맞대면을 통한 확인 과정이 생략되기 때문에 부작용도 있다. 연령이나 성별을 거짓으로 밝히거나 정체를 숨기는 일이 드물지 않고, 익명성 뒤에 숨어 거짓 정보를 퍼뜨리거나 사기를 치는 일도 있다. 온라인에서는 사람을 쉬이 믿으면 안 된다는 것이 인터넷 시대의 새로운 격언이라고 해도 좋다.

온라인 공간에서는 '얼굴을 아는 사람=아는 사람', '얼굴을 모르는 사람=모르는 사람'이라는 공식이 들어맞지 않는다. 인터넷 게시판에서 자주 의견 교환을 하는 사람이나 온라인게임에서 같은 편을 먹고 함께 플레이하는 동지처럼 얼굴도 나이도 성별도 모르는 이를 아는 사람이라고 말하기는 애매하다. 하지만 어떤 면에서는 나를 잘 이해하고 나 역시 친밀감을 느끼는 상대를 모르는 사람이라고 하는 것도 이상하다. 대중가요의 가사를 빌리자면 '친구인 듯, 친구 아닌, 친구 같은 친구'라고나 할까.

낯익은 타인, 낯선 지인이라는 이상한 인간관계

길에서 마주친 유명인에게 나도 모르게 "안녕하세요" 하고 인사해버린 적이 없는가. 연예인이나 정치인처럼 얼굴이 세상에 잘 알려진 사람들이 있다. TV 프로그램에서, 인터넷 뉴스 사이트에서, 유튜브 채널에서 자주 접하기 때문에 목소리나 말투, 몸놀림이 낯설지 않다. 이렇게 친근하다 보니 인사가 불쑥 튀어나온 것이다. 그런데 유명인의 입장에서는 생판 모르는 타인의 인사를 받은 것이니 살짝 어색했을 것 같다.

수많은 매스미디어에 둘러싸여 생활하는 보통 사람에게 유명인은 익숙한 존재다. 개인적으로 관심이 없어도 근황을 모르고 지내기 어려울 정도다. 영향력과 존재감도 상당하다. 이들의 옷차림이나 헤어스타일에서 새로운 유행이 생기고, 말 한마디에 나라 전체가 들썩이기도 한다.

매스미디어 속 유명인은 친구처럼 친근하지만 실은 아무런 친분이 없으니 '낯익은 타인'이라고 부르면 좋을 것 같다. TV, 라디오, 영화 등 매스미디어가 없던 시절에는 낯익은 타인이라는 개념 자체가 성립하지 않았다. TV가 생기기 전에는 탤런트나 방송 진행자 같은 직업이 없었고, 영화가 없던 시절에는 영화배우가 세상에 알려질 리 없었기 때문이다. 입소문으로 이름이 알려진 사람이 없지는 않았을 테지만 존재를 알아도 얼굴까지 알 길은 없으므로 길에서 만나도 알아볼 수 없었다. 지금의 유명인과는 전혀 다른 상황이다.

얼굴은 잘 알지만 개인적인 교류가 전혀 없는 사람이 낯익은 타인이라면, 온라인 친구는 얼굴은 전혀 몰라도 친근하게 교류하는 사람이니 '낯선 지인'이라고 할 수 있다. 온라인 공간에서는 이런 친구 관계가 드물지 않을 뿐 아니라 일반적인 사회관계에서는 얻을 수 없는 장점도 있다. 상대방의 정체를 몰라 불안할

가족, 친구, 지인 ｜ 낯익은 타인

낯선 지인 ｜ 낯선 타인

인터넷 공간이 발달하며 '낯익음=지인',
'낯섦=타인'이라는 공식이 성립하지 않게 되었다.
얼굴은 모르지만 누구보다 친밀한 인터넷 친구, 또는
얼굴은 너무나 잘 알지만 타인에 불과한 연예인은
미디어의 발달과 함께 등장한 새로운 인간관계다.

수도 있지만 굳이 내 정체를 밝힐 필요가 없다는 점이 편안하다. 성별이나 생김새, 연령 등에 대한 사회적 편견에 방해받을 일이 없기 때문이다. 매일 만나는 가족이나 친구에게 고민을 털어놓기는 의외로 어렵다. 차라리 익명의 상담원과 나누는 대화가 부담 없는 것이다.

매스미디어의 영향력이 커지면서 낯익은 타인의 존재가 자연스러운 일상이 되었다. 또 인터넷에서 사회관계를 맺는 일이 흔해지면서 낯선 지인이라는 인간관계도 이질감 없이 받아들이게 되었다. 매스미디어가 확산되기 전 인터넷이 일상 속으로 파고들지 않았을 때 타인은 그저 타인일 뿐, 내 인생에 별 영향을 미치지 않는 사람이었다. 그런데 요즘 세상에서는 타인의 존재가 생활에 직접적인 영향을 미친다. 연예인의 열광적인 팬이나 정치인의 열렬한 지지자들은 그들의 일거수일투족을 알기 위해 시간과 돈을 아끼지 않는다. 중요한 결정을 내리기 전에 온라인 게시판을 둘러보고 조언을 구하기도 한다. 얼굴만 아는 타인유명인도, 얼굴도 모르는 지인온라인 친구도 사회생활의 중요한 부분이 되었다. 스스로는 인식하지 못해도 우리가 맺는 인간관계는 미디어의 발전과 밀접하게 관련되어 있다.

디지털 네이티브와 디지털 이민자

디지털 네이티브digital native는 우리말로 번역하면 '디지털 원어민' 또는 '디지털 원주민'이다. 네이티브란 토박이, 말하자면 지역에서 태어나고 자란 사람을 뜻한다. 즉, 디지털 네이티브란 어렸을 때부터 PC나 인터넷을 일상적으로 접해서 디지털 미디어에 익숙한 인구층을 가리킨다. 인터넷의 존재감이 폭발적으로 증가하던 2000년대 초반 미국에서 처음 등장한 말로, 대체로 당시 10~20대였던 1980년대 이후에 출생한 세대가 여기에 속했다. 물론 이들 역시 지금은 적지 않은 나이다. 한편, 어른이 된 뒤에 디지털 미디어를 처음 접하고 활용법을 배운 당시의 기성세대는 디지털 이민자digital immigrant라고 불렀다.

미국은 본토에서 태어나고 교육을 받은 원주민과 다른 나라에서 이주해온 이민자가 어우러져 생활하는 나라다. 미국에서 태어나고 학교에 다닌 원주민은 영어가 모국어지만, 어느 정도 성장한 뒤에 미국으로 이주한 사람은 영어를 구사할지라도 출신지의 언어가 더 편한 경우도 많다. 영어를 유창하게 말할 줄 알아도 모국어의 습관을 완벽하게 벗어던지기는 어렵기 때문에 발음과 악센트를 들으면 출신지를 짐작할 수 있다.

디지털 네이티브라는 비유도 바로 그런 점에 착안한 것이다. 태어날 때부터 디지털 미디어를 접해온 사람과 달리 디지털 이민자는 아날로그 미디어를 쓰면서 몸에 밴 관성이 있다. PC나 인터넷을 능숙하게 사용할 줄 알아도, 이미 익숙한 습관과 인식에서 벗어나기 쉽지 않다.

구체적으로 말하자면, 디지털 네이티브는 PC나 스마트폰 화면에서 읽고 쓰는 것이 불편하지 않다. 하지만 디지털 이민자는 종이 매체를 읽고 쓰는 감각에 이미 적응되어 있다. 그렇기 때문에 이메일이나 웹사이트 정보를 스크린 위에서 읽는 것보다 종이에 프린트한 뒤에 읽는 것을 더 편하게 느낀다.

전자 정보를 주고받는 방식에 대한 태도도 다르다. 디지털 네이티브는 이메일이나 채팅으로 의사 교환을 하는 데 편안함을 느끼지만, 디지털 이민자는 편지지나 쪽지 같은 물리적 매체 없이 정보만 주고받는 것이 어딘가 불안하다고 여긴다. 이메일이나 전자 정보를 보낸 뒤에 "받았어?"라고 확인 전화를 하거나 얼굴을 보고 확인해야 마음이 놓이는 것이다. 이런 습관이 디지털 미디어를 사용하는 데 지장을 주지는 않지만 디지털 네이티브에게 '구시대적'으로 느껴지는 것은 어쩔 수 없다.

말하자면 인터넷이라는 신대륙에서 태어나고 자란 디지털 네이티브는 디지털 미디어의 기본적인 문법과 방식이 완벽하게 몸에 익었다. 반면 아날로그 미디어가 지배하던 구대륙에서 이민 온 디지털 이민자는 이전 미디어의 문법과 방식이 모국어의 악센트처럼 남아 있다.

그렇다면 디지털 네이티브에게는 어떤 특징이 있을까. 이들은 빠르게 흘러가는 정보환경에 익숙해서 멀티태스킹multi-tasking, 여러 작업을 동시다발적으로 진행하는 것을 즐긴다. 음악을 들으면서 공부하고, 게임을 즐기면서 통화하는 것은 그냥 일상적인 일이다. 또한 이미지나 영상이 문자보다 편하고, 심각한 대화보다는 게임같이 가벼운 방식이 좋다. 인터넷 링크에 호기심을 느끼고 정처 없이 정보를 탐색하는 것도 좋아한다. 혼자만의 생각에 집중하고 몰두하기보다 다른 사람들과 의견을 교환하고 소통하면서 능력을 더 잘 발휘한다. 지금 들으면 새로울 것 하나 없는 특성이다. 하지만 당시에는 젊은 세대의 이런 특성에 기성세대가 당황스러워했다. 그때의 어른들은 아이들에게 "음악을 들으면서 공부가 되니?"라고 물었다. 지금은 상황이 완전히 바뀌어서 '공부할 때 듣기 좋은 음악'이 따로 있을 정도다.

사실 디지털 네이티브와 디지털 이민자라는 개념이 처음 제기된 곳은 교육 현장이었다. 1990년대 이후 디지털 미디어의 올바른 이용법을 교육해야 한다는 주장이 대두되었다. 그런데 다른 교과목과 달리 인터넷은 지식 중심으로 가르치기 어려웠다. 인터넷은 인식이나 태도, 정서, 변화하는 상식 등을 감안해서 총체적으로 익숙해져야 한다. 문법과 단어를 달달 외우는 것만으로는 유창하게 구사할 수 없는 외국어 공부와 비슷한 측면이 있다. 영문법에 숙달한 이민자보다는 영어를 모국어로 쓰는 원어민이 영어 선생님으로 더 환영받는다는 사실을 생각해보자.

디지털 이민자인 학교 교사가 디지털 네이티브인 어린 학생들을 가르치는 것이 바람직하지 않다는 문제가 자연스럽게 제기되었다. 아날로그 미디어에 익숙한 교사의 선입견과 상식으로 인터넷이 모국어인 학생을 교정한다는 것이 부자연스럽다는 주장이었다. 매우 합리적인 문제 제기였다. 이후 기성세대의 시각에서만 새로운 미디어를 재단하고 학생들을 가르치는 교육 방식을 성찰하려는 노력이 계속되었고, 아직 부족할지라도 많은 개선이 이루어지고 있다.

하지만 디지털 네이티브라는 개념이 처음 나온 지 이미 수십 년이 지났다. 누구나 스마트폰을 들고 다니는 요즘에도 디지털 이민자의 악센트를 달고 사는 사람이 많지는 않을 것 같다. 그렇다면 우리 모두 디지털 미디어의 신대륙에 잘 정착했다고 해도 좋은 것일까. 다음부터 소개하는 내용을 보면 반드시 그렇다고는 할 수 없다.

디지털 네이티브도 진화한다

간단한 체크리스트를 소개한다. 다음 항목에 대해 '그렇다'고 느끼면 O, '그렇지 않다'면 X로 답해보기 바란다.

1. 메신저로 메시지를 주고받는 것보다 얼굴을 보고 직접 이야기하는 것이 편하다.

2. 노트북 컴퓨터의 모니터가 너무 작다고 느낀다.

3. 스마트폰보다 PC에서 글 쓰기가 편하다.

4. TV 프로그램에 대한 이야기가 자주 화제가 된다.

5. '인터넷 = PC'라는 이미지가 있다.

6. '인터넷 = 세상 사람들과의 네트워킹', 두근두근하다!

7. 동영상은 보기 위한 오락이지 내가 이용할 수단은 아니다.

8. 휴대폰은 외출 중에 사용하기에 유용한 물건이다.

9. 부지런히 세상을 바꾸어나가는 것이 즐겁다.

10. TV 프로그램은 방송된 순서대로 봐야 한다.

어떤 결과가 나왔는지? 체크리스트의 항목은 모두 세대 간의 답변 차이가 크게 나타나는 내용인데, 어릴수록 '아니오'라고 답하는 경향이 있다. 다시 말하자면, 모두 '아니오'라고 답한 독자는 변화하는 미디어에 유연하게 대처중이라고 봐도 좋다.

아마도 '아니오'보다 '네'라고 답한 항목이 많은 독자도 있을 것이다. 의기소침할 필요는 없다. 사실을 말하자면 디지털 네이티브 세대의 답변이 대체로 '네'다. 2000년대 초반 '디지털키드'라는 칭송을 받으면서 화려하게 등장했지만 이들 역시 이전의 디지털 이민자처럼 자신의 상식이 구식으로 느껴질 수 있는 갈림길에 와 있다.

이 체크리스트는 일종의 가이드라인에 불과하니, 결과에 특별한 의미를 부여할 필요는 없다. 그보다 왜 이런 체크리스트가 생겼는지 생각해보는 것이 유익하다. 이 체크리스트를 쓰기 위해 참조한 것은 일본에서 발표된 연구 결과°로, 일부 항목은 우리나라 독자가 이해하기 편하도록 약간 수정했다. 이 조사 결과는 2000년대 초반의 디지털 네이티브 역시 구세대가 되어가고 있다는 것을 드러냈다는 점에서 흥미롭다. 디지털 미디어에 대한 감각은 쉼 없이 진화 중인 것이다.

우선 일본의 조사를 참조하게 된 배경 설명이 필요하다. 우리

° 일본의 광고대행사 덴쓰와 도쿄대학교 하시모토 요시아키 교수의 연구팀이 함께 진행한 조사 연구다. 그 결과가 《네오 디지털 네이티브의 탄생: 독자적으로 진화하는 일본의 인터넷 세대ネオ・デジタルネイティブの誕生: 一日本独自の進化を遂げるネット世代》2010년, 다이아몬드라는 제목의 책으로 발표되었다.

나라를 포함해 여러 나라에서 인터넷은 PC를 통해 전파되었다. 컴퓨터를 통신망으로 연결한 네트워크가 인터넷의 전신인 만큼 자연스러운 전개다. 그런데 일본에서는 '인터넷＝PC'라는 공식이 잘 들어맞지 않는다. 1990년대 말 스마트폰이 등장하기 전부터 휴대폰 인터넷이 인기를 끌었기 때문이다. 모바일 인터넷서비스가 일찌감치 도입되었기 때문이기도 하지만 집집마다 PC를 갖추는 시기가 늦었기 때문이기도 하다. 한국과는 달리 일본의 부모는 청소년기의 자녀에게 컴퓨터가 필요하다고 판단하지 않는 경향이 있었다. 결과적으로 휴대폰 인터넷을 다른 지역보다 앞서서 경험하는 모양새가 되었고, 스마트폰이 등장하기도 전에 모바일 인터넷 시대가 열렸다.

따라서 일본 젊은이들이 모바일 인터넷을 사용하는 경향은 다른 지역의 이용 태도를 약간 앞서서 보여주곤 한다. 이 때문에 모바일 시대에 대한 연구 결과에서 일본 사회를 자주 언급하는 것이다. 그렇다면 스마트폰 세대는 2000년대 초반에 디지털 네이티브라고 부르던 이전 세대와는 어떻게 다른 것일까?

인터넷은 더 이상 신대륙이 아니다

2000년대 이후에 태어난 젊은이 세대, 디지털 네이티브와 구분하기 위해 스마트폰을 통한 인터넷이 더 익숙한 세대를 편의상 '뉴 네이티브'라고 부르겠다.

뉴 네이티브에게는 다음과 같은 특징이 두드러진다. 직접 만나서 이야기를 나누거나 전화 통화를 하는 것보다 메신저로 소통하는 것을 더 편안하게 느낀다. 스마트폰 글쓰기가 익숙하다. 스마트폰으로 인터넷에 접속하는 것에 익숙하므로 스마트폰 화면이 너무 작다고 불평하지도 않는다. 인터넷 초기의 습관을 그대로 갖고 있는 디지털 네이티브와는 전혀 다른 반응이다. 디지털 네이티브는 화면이 클수록 좋아한다. 스마트폰 화면은 너무 작아서 글 쓰기 불편하다고 느끼는 경향이 있다. 뉴 네이티브가 종종 PC나 노트북의 화면이 크다고 느끼는 것과는 많이 다르다.

그런데 무엇보다도 흥미로운 지점은 두 세대가 인터넷을 대하는 마음가짐, 인터넷에 대한 마음가짐이 눈에 띄게 다르다는 것이다.

디지털 네이티브의 대표적인 특징은 인터넷을 통해 새로운 만남을 추구하는 적극성이다. 이들은 미지의 정보를 탐색하는 일에 흥미를 느낀다. 그들에게 인터넷은 세계를 향해 열린 문이자 세계와 연결하는 수단이었다. 호기심, 개방성, 적극적인 참여 정신은 디지털 이민자와 이들을 구분하는 키워드였다.

그런데 뉴 네이티브가 인터넷에 대해 갖는 생각은 많이 다르다. 인터넷은 호기심을 자극하고 만남을 맺어주는 미지의 세계가 아니라, 가까운 사람들이 죽치고 있는 그저 그런 일상의 일부다. 외톨이가 되지 않기 위해서 인터넷에 접속하지만 그 속에서 자신을 드러내야 하고 끊임없이 평가받는다는 사실에 스트레스를 느낀다.

특히 인터넷서핑 중에 알 수 없는 링크를 맞닥뜨렸을 때 보이는 태도가 명백히 달랐다. 디지털 네이티브는 이 사이트 저 사이트를 적극적으로 찾아 헤매고, 모르는 링크를 클릭하는 데 거부감이 없다. 새로운 세계, 새로운 만남에 대한 기대감이 크다. 이에 비해 뉴 네이티브에게 불확실한 링크는 두려움의 대상이다. 링크 뒤쪽에 사생활을 엿보거나 사기를 치려는 불온한 세력이 있을지도 모르고, 컴퓨터 바이러스와 같은 위협이 숨어 있을지도 모른다. 모르는 링크는 클릭하지 않는 것이 현명하고, 인터넷 공간에서도 가능한 한 아는 사람과 이야기를 나누고, 가능한 한 들어가 본 적 있는 웹사이트에 머무르는 것이 안전하다. 뉴 네이티브에게 인터넷을 설명하는 키워드는 친근감, 뻔함, 또는 사생활 침해에 대한 불안감이다.

다시 말하자면, 스마트폰 시대의 인터넷은 더 이상 호기심을 자극하는 신대륙이 아니다. 공기나 전기처럼 일상 속의 요소에 지나지 않는다. 새로운 만남과 기회가 기다리는 열린 땅이 아니다. 촘촘한 인간관계와 정보 권력이 지배하는 닫힌 땅이다. 이런 감각에서 보자면, "인터넷이 세상을 변화시킨다"라거나 "인터넷에서 새로운 기회를 찾아라" 하고 등을 떠미는 디지털 네이티브의 조언은 '꼰대'의 설교다. 예전에 "공부에 집중하기 위해 음악을 듣지 마라" 하는 디지털 이민자의 진심 어린 조언이 디지털 네이티브에게 무의미했던 것처럼 말이다.

"휴대폰 중독일까요?"

　　　　　　　휴대폰 사용에 대한 연구를 시작한 10여 년 전이나 지금이나 똑같이 받는 질문이 중독에 관한 것이다. "종일 휴대폰만 써요. 휴대폰 중독일까요?", "어떻게 해야 아이의 휴대폰 중독을 막을 수 있나요?" 등등. 지나친 휴대폰 사용에 대한 우려가 어느 정도인지 짐작할 수 있다.

　중독이라고 하면 약물이나 담배 같은 물질을 지나치게 복용해 그것 없이 견디지 못하는 병적 상태를 말한다. 이런 단어를 휴대폰과 같은 미디어와 연관 짓는 것이 과연 타당할지 고개를 갸웃하게 된다. 미국에서는 일상생활에 지장이 생길 정도로 장시간에 걸쳐 집중적으로 인터넷을 사용하는 상태를 '인터넷 중독internet addiction'이라는 정신적 장애로 정의한다. 중국에서는 하루에 6시간 이상 이용하면 중독으로 규정하기도 한다. 실제로 게임에만 몰두하느라 식음을 전폐한 끝에 죽음에 이르렀다는 극단적인 사례가 종종 보고된다. 지나친 휴대폰 사용을 병리적 현상으로 규정하는 것도 이해할 만하다.

그렇다면 휴대폰을 덜 쓰면 안심할 수 있을까. 실제로 청소년이 휴대폰을 멀리하도록 아예 금지했던 경우가 있는데 생각만큼 상황이 단순하지 않았다. 2010년 일본의 한 지자체에서 중학생 이하의 청소년이 휴대폰을 갖지 못하도록 하는 조례를 도입했다. 청소년을 보호하자는 취지였지만 이 조례는 도입할 때부터 찬반이 엇갈렸다. 그러나 휴대폰 메신저를 이용한 괴롭힘, 왕따, 청소년에게 부적절한 콘텐츠의 범람 등이 사회문제로 많이 거론되는 만큼 찬성파가 힘을 얻어 시행에 이르렀다. 이 지역 중학생의 휴대폰 소지율은 일본 내 다른 지역의 절반 이하로 매우 낮으니 이 조례는 비교적 잘 지켜지고 있다.

그런데 청소년 문제는 줄어들지 않았을 뿐 아니라, 오히려 없던 문제가 생겼다. 고등학교에 들어간 아이들이 휴대폰에 더욱 지나치게 몰두하는 경향을 보인 것이다. 또한 아이와 수시로 연락할 수단이 필요한 맞벌이 학부모들은 편의상 휴대폰을 사서 줄 수밖에 없었다. 하지만 금지 조례 때문에 휴대폰 소지를 학교에 알려서는 안 되므로 오히려 아이에게 거짓을 조장하는 것이 곤혹스럽다는 불만도 있었다.

이렇듯 '휴대폰을 너무 많이 쓰면 병'이라는 단순한 생각이 통할 정도로 상황이 단순하지 않다. 휴대폰은 사회의 필수품이 되었다. 모든 사람이 휴대폰을 갖고 있다는 것을 전제로 사회가 발전하고 있다. 죽을 때까지 멀리할 수 없다면 차라리 휴대폰과 공생하는 삶에 대한 고민을 하루라도 빨리 시작하는 것이 낫지 않겠는가.

미래의 세상을 엿보는
미디어아트 감상법

디지털 미디어로 인해 사회가 달라졌다는 이야기는 많지만, 막상 무엇이 어떻게 바뀌었다는 것인지 구체적으로 사례를 들어보라고 하면, 현금 대신 전자화폐를 쓴다거나 스트리밍서비스 때문에 CD가 사라졌다 정도의 시시한 답변이 되돌아온다. 물론 이런 변화도 중요하다. 하지만 '세상이 바뀌었다'고 떠들기에는 사소한 수준의 변화다.

미디어는 우리가 바깥세상을 인식하는 감각 전체에 관여함으로써 삶의 방식을 근본적으로 변화시킨다. 예를 들어 문자라는 미디어가 생긴 뒤 책, 계약서, 문서 등이 등장했다는 것이 소소한 변화라면, 기록을 통해 과거를 기억하게 되었다는 점은 역사 전체에 영향을 끼친 세계관의 변화다. 사실 이런 거시적인 차원의 변화는 동시대인이 감지하기 매우 어렵다.

마셜 매클루언은 새로운 미디어가 사회를 어떻게 바꿀 것인지에 대해 고민한 사상가였다. 그는 1960년대에 대중화되기 시작한 TV를 보면서 전자 미디어에 큰 호기심을 가졌다. TV에 관해 더 알고 싶다면 TV의 특징, 쓰임새, 사회적 영향력 등을 탐구하는 것이 일반적이다. 그런데 그는 엉뚱하게도 'TV가 없는 사회'에 대해 철저하게 이해하는 것으로부터 시작했다. 그는 비범한 감각을 가진 연구자였다.

매클루언의 독특한 탐구법은 남다른 통찰을 가져다주었다. 그는 새로운 미디어의 출현이 단순하게 사람과 사람을 연결하는 방법을 바꾸는 데에 머물지 않고, 우리가 세상을 이해하는 시각과 감각에 전체적으로 영향을 미친다는 결론을 내렸다. 예를 들어 사진이나 동영상 등 시각 매체가 없는 세상에서는 일어나는 일을 오로지 문자 정보를 통해서 이해한다. 직접 경험하지 않은 일은 타인의 말이나 글에 근거해서 상상한다. 이에 비해 TV 같은 시각 매체는 세상에서 일어나는 일을 똑같이 복제해서 영상으로 재현한다. 직접 경험하지 않은 일이라고 해도 현실과 똑같이 복제된 시각 정보에 의존해 직관적으로 이해할 수 있다.

그는 이런 유명한 말을 남겼다. "미디어는 메시지다." 메시지를 전달하는 도구인 미디어가 그 자체로 메시지라는 의미심장한 주장이다. 예를 들어, 화재로 가옥이 불에 탔다는 신문 기사를 읽을 때보다, 집이 활활 불타는 모습을 영상으로 보여주는 TV 보도를 접했을 때의 충격이 더 클 것이다. 같은 내용이라고 해도 문자로 접할 때와 영상으로 접할 때의 감각이 다르기 때문이다. 이처럼 미디어의 형식에 따라 우리가 외부 세계를 인지하는 감각은 달라진다.

미디어가 그 자체로 우리 감각의 문지기 역할을 한다는 주장에는 고개를 끄덕이게 된다. 그렇지만 주관적·감각적 차원에서 벌어지는 이런 변화를 과학적으로 입증하기는 어렵다. 매클루언의 주장에 공감하는 학자가 많음에도 연구에 대한 객관적 평가가 엇갈리는 것은 이 때문이다.

아마도 매클루언은 학계의 평가에 크게 신경 쓰지 않을 것이다. 그는 애초에 미디어로 인한 거시적 차원의 변화를 실증할 생각이 없었다. 조사로 밝혀낼 만한 성질의 이야기가 아니라고 봤기 때문이다. 매클루언에 따르면 이런 변화를 예리하게 감지하고, 더 나아가 예측할 수 있는 주체는 예술가들이다. 그는 철저하게 주관적 감각과 직관적 감성에 근거해서 창작하고 표현하는 미술가, 음악가, 작가 등이야말로 거시적인 세계관의 변화를 제대로 포착할 수 있다고 보았다.

미디어아트의 선구자인 백남준은 그럴듯하면서도 어딘가 아리송한 매클루언의 이 주장을 멋지게 입증했다. 그는 전자 미디어와 통신케이블로 촘촘히 연결된 세상을 상징하는 '일렉트로닉 슈퍼하이웨이Electronic Superhighway'라는 개념을 제창했다. 인터넷이 모습을 드러내기 훨씬 전인 1970년대의 일이다. 이후 수백 대

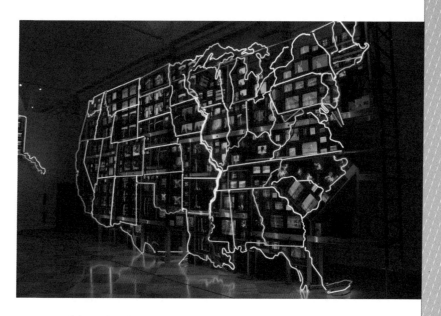

— 백남준의 설치 예술 작품, 〈일렉트로닉 슈퍼하이웨이: 미국 대륙, 알래스카, 하와이Electronic Superhighway: Continental U.S., Alaska, Hawaii〉. 창작자 자신의 구상을 작품화한 것으로, 미국 각 지역을 뜻하는 51대의 TV와 통신케이블을 이용해 전자 네트워크로 뒤덮인 미국 대륙을 표현했다. 1995년 미국 스미스소니언 박물관에 설치되었다. ©Ryan Somma

의 TV와 통신케이블로 미국 지도를 재현한 같은 제목의 설치 예술 작품도 발표했다.

인터넷이 모습을 드러내기 훨씬 전에 컴퓨터네트워크로 뒤덮인 지구를 상상한 이 예술가의 상상력은 놀랍다. 이메일을 쓰거나 온라인쇼핑을 하는 차원을 넘어서, 지리적 원근감이 거의 사라진 인터넷 세상의 출현을 정확하게 예측했다는 감탄을 자아낸다.

우리나라에서는 백남준이 한국 출신이라는 점을 부각하는 경향이 있다. 하지만 그의 폭넓은 작품 세계는 하나의 나라, 하나의 언어에 얽매이지 않는 자유로움을 지향한다. 예술과 새로운 미디어가 세계를 연결하는 역할을 할 수 있다고 굳게 믿었던 그는, 언어와 문화의 장벽이 사라지고 세계인이 격의 없이 소통하는 사회를 꿈꾸었다. 이런 아이디어는 1990년대 미국 정부가 사회 모든 분야에서의 인터넷 이용을 권장하며 추진했던 '정보 고속도로 information superhighway' 정책에 직접적으로 영향을 주었다.

백남준은 미디어아트라는 새로운 장르를 개척했다. 미디어아트는 새로운 테크놀로지에 대한 기발한 상상력, 기존 관념의 파괴를 콘셉트로 내세우는 예술 분야로, 새로이 출현한 미디어에서 느끼는 이질감, 직관적인 상상력 등이 창의력의 근원이다. 바로 이 포인트가 매클루언이 주목한, 예술가의 예언자적인 감각이 발휘되는 지점이다. 앞으로 다가올 미디어 세상을 살짝 엿보기, 동 시대인의 미디어아트 감상법으로 추천한다.

네 번째 이야기

소셜네트워크와
소멸하는 몸

　인터넷은 우리가 과거를 추억하고 현재를 고민하며 미래를 설계하는 터전이다. 인터넷이 없으면 많은 것이 곤란해질 것이다. 스마트폰이 없으면 친구들과 연락을 주고받을 수 없고, SNS가 없으면 옛일을 추억하기 어렵다. 검색 사이트나 동영상 사이트가 없으면 필요한 지식, 정보를 적재적소에 찾아 활용할 수 없다. 우리가 기억하고, 참고하고, 비교하고, 생각하고, 계산하는 등의 지적 활동은 원래 개인의 뇌 속에서 일어나던 일이다. 그런데 지금은 뇌가 수행하던 지적 활동의 많은 부분을 인터넷과 전자 미디어에 모두 다 맡겨버렸다.

　앞서 잠깐 소개했던 사상가 마셜 매클루언은 '미디어는 신체 감각의 확장'이라는 독특한 이론으로 유명하다. 그의 지론에 따르면 TV는 보이지 않는 것을 보여주므로 눈시각의 확장, 라디오는 멀리 있는 소리를 들려주므로 귀청각의 확장이다. 그는 더 나아가 '전자 미디어는 인간 신경망의 확장'이라는 주장도 했는데, 인터넷에 세상의 모든 생각과 감정, 기억이 고스란히 새겨져 있는 지금의 상황을 놀라울 정도로 정확하게 짚어냈다고 할 수 있다.

매클루언은 인간의 지적 활동이 전자 네트워크로 외부화될 때의 상황을 낙관적으로 전망했다. 사람들이 이전보다 서로를 더 잘 알고 이해할 수 있으리라 생각한 것이다. 냉랭한 타인과 살아가는 도시가 아니라 서로를 잘 알고 도움을 주고받는 옛 마을 같은 공동체가 부활한다는 뜻으로 '지구촌global village'이라는 다정한 어감의 개념도 제안했다. 전자 네트워크를 통한 문화적·사상적 교류가 전 지구적으로 확산된다면, 전 세계의 사람들이 더 사이좋게 살 수 있으리라 생각했다.

인터넷이 넓디넓은 세계를 손만 뻗으면 닿을 수 있는 세상으로 만들어준 것은 사실이다. 하지만 서로를 더 이해하는 공동체를 만들어준 것 같지는 않다. 인터넷을 통해 먼 나라의 누군가와 연결이 될 수는 있다. 하지만 그렇다고 바로 친구가 되는 것은 아니다. 언어를 이해할 수 없다면 서로를 이해할 수 있는 방법이 없고, 설사 언어의 장벽을 극복하더라도 관심 주제가 다르다면 딱히 나눌 말이 없다. 큰 세상으로 나아갈 수 있는 문이 활짝 열려 있다고 해도, 결국 나를 둘러싼 작은 세상에서 사람들과 관계를 맺고 희로애락을 느낀다. 네 번째 이야기는 크지만 작은 세상, 우리 주변을 촘촘히 둘러싸고 있는 소셜네트워크에 대한 것이다. 인간은 누구나 다른 사람과 관계를 맺으며 산다. 오래전에도 그랬고, 앞으로도 그럴 것이다. 인터넷이 있는 세상과 없는 세상의 인간관계는 과연 어떻게 다를까.

SNS는 인터넷에 지은 내 집

우선 소셜네트워크라는 개념부터 명확히 하자. 사회라는 뜻의 소셜social에 거미줄처럼 연결된 망을 뜻하는 네트워크network가 결합했다. 즉, 소셜네트워크는 사람이 얽혀서 함께 사는 사회 그 자체를 뜻한다. 지금은 좁은 의미에서 트위터, 인스타그램, 페이스북 등과 같은 온라인서비스를 가리키는 경우가 많다. 이런 서비스는 자발적으로 맺은 지인과의 연결망을 구축하고 이를 근간으로 콘텐츠를 공유하며 교류하는 온라인 플랫폼으로 전 세계에서 큰 인기를 끌고 있다. 이런 서비스를 소셜미디어, 또는 SNS라고 부른다.

일상 속에서는 소셜네트워크, 소셜미디어, SNS라는 단어가 혼용되지만 엄밀하게는 의미가 다르다. 비교적 새로운 개념이다 보니 학자들 사이에서도 공통된 정의가 확립되지는 않았지만, 이 책에서의 쓰임새를 염두에 두고 한번 정리해두자.

우선 소셜네트워크는 사람 사이의 연결망을 뜻하며, 이는 사회가 돌아가기 위해 꼭 필요한 요소다. 동네 사람, 학교 동문, 회사 동료 등이 이런 소셜네트워크의 대표 격인데, 이런 사람 사이의 연결망 없이 우리 사회는 기능할 수 없다.

소셜미디어나 SNS가 없던 시절에도 이런 소셜네트워크는 잘 구축되고 유지되어왔다. 소셜미디어나 SNS는 이 틀을 인터넷에서 구현한 플랫폼이다. 그중에서도 SNS는 트위터나 인스타그램처럼 개인의 프로필을 중심으로 지인의 정보를 수시로 업데이트하는 형태의 온라인서비스를 뜻한다. 이런 서비스가 세계적으로 인기를 끌면서 SNS가 소셜미디어의 대명사인 듯 받아들여졌다. 하지만 원래 소셜미디어는 카카오톡이나 라인 등 채팅 서비스, 위키피디아, 블로그 등을 포괄하는 더 넓은 개념이다. 개념의 폭에 따라 굳이 줄을 세우자면, 소셜네트워크 > 소셜미디어 > SNS의 순서이다. 이 책에서는 많은 이에게 익숙한 표현인 SNS를 주로 쓰지만, 구분이 필요할 때에는 소셜네트워크나 소셜미디어라고 쓰기도 한다.

SNS는 온라인 공간에 지은 내 집, 내 방과 같다. 내 방에서는 내 마음대로 가구나 물건을 배치할 수 있다. 먹고 싶을 때 먹고

쉬고 싶을 때 쉬며 모든 것을 내게 맞출 수 있으니 제일 편한 공간이다. SNS도 그와 비슷하다. 내가 원하는 사람과 친구를 맺고, 내가 원하는 콘텐츠 링크를 걸고, 내 근황과 의견을 차곡차곡 쌓아 타임라인을 구성할 수 있다. 내 타임라인에는 네트워크에 등록된 지인들이 업데이트하는 콘텐츠도 함께 올라온다. 이 콘텐츠에 좋아요 버튼을 누를 수도, 댓글을 달아 의견을 주고받을 수도 있다. 한마디로 SNS는 나를 중심으로 구축한 온라인 공간의 활동 거점이다.

인터넷 초기에는 홈페이지나 블로그가 대세였다. 홈페이지나 블로그도 주인장 마음대로 정보를 올리고 링크를 걸 수 있다. 그렇지만 홈페이지나 블로그를 중심으로 활동하면 다른 사람과 네트워킹하기 쉽지 않다. 근황을 알기 위해 일부러 서로의 홈페이지를 방문해야만 했는데, 웬만한 관심과 노력 없이는 쉬운 일이 아니었다. 그런 면에서 지인과 쉽게 정보를 교환하고 교류할 수 있는 SNS가 훨씬 편리하다.

인터넷의 본질은 사람과 사람 사이를 매개하는 수단이기 때문이다. 인간적이고 사적인 상호 교류만을 의미하는 것은 아니다. 누군가가 업로드한 콘텐츠를 즐기거나, 정보를 직접 공유하거나, 공유된 정보를 활용하는 것 등 인터넷의 가치는 대부분 다른 사람과의 연결 고리 속에서 실현된다. 인터넷은 컴퓨터 기술로 시작했지만 다른 사람과의 관계를 유지하는 데 핵심적인 역할을 한다. SNS는 그 속에서 자연스럽게 만들어진 질서, 더 나아가 사회제도라고도 할 수 있다.

SNS의 '작은 세상 효과'

미국의 한 심리학자가 흥미로운 실험을 했다. 서로 다른 도시에 살고 있는 여러 명에게 편지를 보내 보스턴에 사는 아무개에게 편지를 전달해달라고 부탁했다. 보스턴에 사는 아무개를 모르는 경우에는 그에게 전달해줄 만한 지인에게 편지를 다시 전달하면 되었다. 넓디넓은 미국 땅에서 무작위로 말을 건넨 누군가가 보스턴에 사는 아무개와 사적으로 알고 지낼 확률은 0에 가깝다. 과연 편지가 무사히 전달되었을까?

결과는 의외였다. 지인이라는 관계망을 타고 움직이기 시작한 편지는 의외로 순조롭게 보스턴을 향했다. 결과적으로 꽤 많은 편지가 아무개의 손에 정확히 도착했다. 무사히 전달된 편지의 경우 평균 6명의 손을 거쳤다. 6명의 네트워크를 통하면 전혀 모르는 사람과 연결될 수 있다는 의미로도 읽힌다. 이 실험을 통해 작은 세상 효과small world effect, 몇 단계 건너면 대부분의 사람이 연결되는 현상가 검증되었다. 지인 네트워크를 통하면 세계는 의외로 좁다.

실제로 전 세계의 누구와도 간단히 연결될 수 있는 SNS만큼 작은 세상 효과를 실감할 수 있는 곳은 없다. 미국 대통령에서부터 영화배우, 가수 등 유명인뿐 아니라 친척과 동료는 물론이요, 굳이 소식을 듣고 싶지도 않은 헤어진 연인의 근황까지 빼곡히 업데이트된다. 오래전에 연락이 끊긴 친구와 재회할 수도 있고, 먼 나라의 누군가와 친구가 되기도 한다.

매스미디어의 후광 없이 순수하게 지인 네트워크에서 사회적 인지도를 획득한 유명인이 많아지고 있다. 인플루언서라고 불리는 SNS의 유명인이 대표적인 예다. 이들은 수많은 팔로워의 지지를 바탕으로 큰 영향력을 행사한다. 소셜네트워크는 의심할 여지없이 우리 사회의 중요한 부분이 되었다.

한편으로는 SNS라는 '작은 세상' 때문에 인간관계가 더 헝클어지고 복잡해졌다는 불평도 나온다. SNS에서 누구와도 친구가 될 수 있다는 사실을 뒤집으면 SNS에 합류하지 않으면 누구와도 친구가 될 수 없다는 뜻이기도 하다. 왜 SNS 계정을 만들었냐고 물으면 "주변 친구들이 모두 하니까, 어쩔 수 없이"라고 대답하는 사람도 적지 않은 것이다. 친구들과의 단체 채팅방에 참여하지 않으면 필요한 정보를 제때 받을 수 없고 대화에서 소외되기도 쉽다. SNS를 업데이트하지 않으면 친구들에게 금세 잊힐 것만 같고 뒤처지는 듯한 불안감도 생긴다. 사회관계를 원만하게 유지하기 위해서는 원하든 원치 않든 SNS에 얼굴을 내밀어야 하는 상황이다.

SNS에서 적극적으로 네트워킹을 해보자고 마음을 먹어도 골치 아픈 문제에 맞닥뜨린다. 온라인 공간에서 소셜네트워크를 만드는 일이 마음처럼 쉽지 않기 때문이다. 매일 똑같고 평범하기만 한 삶을 어떻게 포장해서 올려야 할지 막막할 때도 있다. 화려하고 멋진 면이 부각되는 친구들과 비교하면 내 그저 그런 일상은 초라해 보이기까지 한다.

단체 채팅방의 적절한 멤버 수는 몇 명?

SNS에서는 얼마든지 지인을 늘릴 수 있다고 한다. 실제로 수천수만 명이 넘는 팔로워가 있는 인기인도 적지 않다. 그런데 그렇게 많은 팔로워 중에 편하게 속마음을 털어놓을 수 있는 친구는 몇 명이나 될까. 어려움에 처했을 때 도움을 청할 수 있는 상대는 얼마나 되며, 기꺼이 도와주겠다고 나설 이는 또 얼마나 될까. 팔로워의 수가 많으면 친구가 많은 인기인이라고 단순하게 생각해도 좋을까. 이런 질문에 힌트가 될 만한 재미있는 연구 결과를 소개한다.

한 인류학자가 영장류의 뇌 크기와 사회집단 사이의 상관관계를 조사했다. 영장류는 여러 마리가 무리를 지어 생활하는 동물이다. 인간처럼 집단을 이루어 산다. 그런데 조사 결과 영장류의 뇌 용량이 클수록 함께 생활하는 무리의 크기가 크다는 사실이 밝혀졌다. 예를 들어 긴팔원숭이보다 뇌의 용량이 더 큰 침팬지는, 긴팔원숭이보다 더 많은 개체가 무리를 지어 생활을 영위한다.

인간을 제외한 영장류에 대한 연구였지만 자연스럽게 '그렇다면, 인간은?'이라는 질문이 제기되었다. 이 인류학자는 인간이 안정적으로 사회생활을 유지하는 사회집단은 150명 정도의 규모로 추정된다는 답변을 내놓았다. 인간을 대상으로 실제 조사한 결과는 아니었지만 이 수치는 인상적으로 받아들여졌다. 인간이라는 종이 유의미하게 유지하는 지인의 수가 150명 정도라고 회자되었다. 150명이라는 수치는 이 인류학자의 이름을 따서 '던바의 수Dunbar's number'라고도 부른다.

이 150이라는 특정 수치가 인간 사회에 의미 있다고 단정할 필요는 없다. 앞서 소개한 조사는 어디까지나 영장류의 뇌 크기와 사회집단의 크기 사이에 존재하는 상관관계를 알아보는 연구였다는 사실을 기억하자. 침팬지 집단은 몇 마리, 긴팔원숭이

집단은 몇 마리 하는 식으로 무리의 크기를 특정하려는 실험이 아니었다. 게다가 예외도 있었다. 오랑우탄은 뇌 용량이 크지만 무리 짓기를 싫어해서 홀로 사는 것을 즐겼다. 같은 영장류임에도 이 법칙이 전혀 적용되지 않는 것이다. 무엇보다 인간의 삶은 야생의 영장류와는 비교할 수 없을 정도로 복잡하다. 개인의 성향도 다양하고 사회생활에 관계된 제도, 문화, 질서 등도 훨씬 복잡하다. 이런 상황을 무시하고 특정 숫자에 의미를 부여하는 것은 설득력이 없다.

하지만 SNS 시대에 던바의 수라는 개념의 의미를 곱씹어보는 것은 유의미하다. 온라인 공간에서는 무제한으로 지인을 늘려나갈 수 있지만, 실제로 내 삶에 영향을 주는 사람의 수가 무한정 늘어나지는 않는다. 실제로 SNS에서 수천수만 명의 팔로워나 구독자를 확보한 경우에도 매스미디어의 시청자, 청취자와 같은 불특정 다수일 뿐 의미 있는 지인은 아니다. SNS에서 지인의 수를 늘리는 일에 집착해서 무의미한 네트워크를 관리하는 데 허튼 힘을 쏟기보다는, 내게 의미가 있고 서로 도움을 주고받을 수 있는 진짜 지인과의 신뢰를 쌓아가는 편이 유익하지 않을까. 나에게 적절한 던바의 수는 몇인지 생각해볼 만하다.

필터 버블: 공기 방울 속에 갇힌 이용자

개인의 입맛에 맞게 콘텐츠를 골라서 뿌려주는 맞춤 기술이 진보하면서 묘한 일이 벌어지고 있다. 요즘의 온라인서비스는 단순히 콘텐츠를 보여주지 않고 이용자의 취향에 따라 콘텐츠를 걸러서 보여준다. 또는 좋아할 만한 콘텐츠를 골라서 추천해준다. 개개인의 취향에 맞게 맞춤 콘텐츠를 제공하는 개인화 기술의 정밀도는 이미 상당한 수준에 다다랐다. 검색 이력에 따라 개인에게 서로 다른 결과를 보여주는 구글의 검색, 페이스북의 타임라인에 등장하는 맞춤 광고, 온라인쇼핑 사이트에서 우선적으로 보이는 추천 상품 목록 등이 모두 이런 필터가 적용된 결과다.

예를 들어 유튜브의 첫 페이지에 표시되는 동영상은 사람에 따라 천차만별이다. 내 경우 즐겨 듣는 재즈 장르나 좋아하는 펑크 밴드의 오래된 뮤직비디오, 가끔 시청하는 방송 채널의 업데이트 정보가 맨 위에 표시된다. 짐작건대 독자들의 유튜브 첫 페이지에는 전혀 다른 콘텐츠가 나타날 것이다. 유튜브가 한 명 한 명의 취향에 따라 미리 판을 짜놓은 것인데, 좋아할 만한 음악을 골라서 보여주니 편한 것은 사실이지만 마음 한구석에는 석연치 않은 느낌도 있다.

FILTER BUBBLE

사람마다 경험하는 인터넷 세상은 천차만별이다.
개인화 기술이 발전하면서 인터넷 이용자는
취향과 관심사에 맞추어 만들어지는
좁은 공기 방울 속에 갇힌 신세가 되었다.

사람에 따라 보고 듣는 인터넷 세상은 전혀 다른 색깔이다. 모두 똑같은 검색 사이트를 이용한다고 해도 결과는 각기 각색이고, 모두 같은 동영상 사이트를 방문해도 첫 화면에 표시되는 추천 동영상은 천차만별이다. 사용자 입장에서는 별 노력 없이 선호하는 정보, 원하는 상품을 손에 넣을 수 있으니 편리한 측면이 있다. 하지만 다른 한편으로는 좁고 단조로운 취향 안에 갇히는 것은 아닌지 불안도 느낀다. 인터넷 이용자들이 개인 취향에 따라 만들어진 작고 편한 공기 방울 속에 갇혔다는 뜻에서 '필터 버블filter bubble'이라는 말도 등장했다.

필터 버블은 광고나 물건을 파는 입장에서 보자면 반가운 일이다. 잠재적 고객이 누구인지 파악하고 원하는 정보를 적확하게 추천할 수 있기 때문이다. 하지만 이용자 입장에서는 환영만 할 수는 없다. 내가 인터넷에서 하는 활동이 누군가에 의해 샅샅이 수집되고 있다는 뜻이기 때문이다. 어떤 키워드로 검색했는지, 어떤 웹사이트를 방문했는지, 클릭해서 살펴본 상품은 무엇인지 등 스스로 잘 기억하지 못하는 일도 고스란히 보고되고 수집된다. 그리고 이렇게 축적된 데이터를 분석해서 내가 무엇을 좋아하고 원하는지 정확히 예측해 추천 정보를 뿌려주는 필터가 만들어진다. 지극히 사적인 내용을 포함한 방대한 양의 개인정보가 남김없이 인터넷 기업의 손에 들어가는 것이다.

그렇지만 필터 버블을 찢고 나가기도 쉽지 않아 보인다. 편리함에 너무 길들어버린 탓이다. 인터넷 기업이 제공하는 필터가 전혀 없다면 무한한 정보의 바다에서 원하는 것을 손에 넣기 위해 상당한 노력을 기울여야 할 터이다. 개인정보 침해를 최소화하는 쪽으로 개선하라고 요구할 수는 있지만, 필터가 존재하지 않는 인터넷 세상은 너무 넓고 황량한 세계일 수 있다.

개인화 기술이 나날이 발전하다 보면 인터넷 세상이 좁고 닫힌 공간으로 변할 수 있다. 필터 버블은 필요한 정보를 찾거나 좋아하는 콘텐츠를 즐기는 데는 편리할지 몰라도, 인터넷에서 상상도 못 한 의외의 정보를 접하거나 자신도 몰랐던 새로운 취향을 발견하는 일을 원천 차단하는 결과를 가져온다. 인터넷의 개방성이 주는 큰 장점이 사라지는 것을 반길 수만은 없다.

'좋아요'만 존재하는 세계: 우호적 세계 증후군

잔인한 장면이 등장하는 TV 프로그램이나 영화를 자주 보는 사람은 실제보다도 더 나쁜 일이 많이 일어난다고 간주하는 성향이 있다. '나쁜 세상 증후군mean world syndrome'이라고 부르는 현상인데, 대중매체가 사회의 부정적인 측면을 과장해서 전달하면 사람들이 사회 전반에 느끼는 불안감도 상승한다는 내용이다.

필터 버블이 전방위로 작동하는 인터넷 세상에서는 정반대로 '우호적 세계 증후군friendly world syndrome'이 생길 수 있다. 예컨대 SNS에서 친구가 업데이트한 콘텐츠에 좋아요를 클릭했다고 하자. 이는 내가 친구와 친하다는 뜻이기도 하고, 친구가 올린 콘텐츠에 동의한다는 뜻이기도 하다. 이런 식의 클릭은 내 선호도를 분석하는 개인화 필터에 꼼꼼하게 반영된다. 필터의 정확도가 올라갈수록 SNS의 타임라인에는 더 친한 친구의 업데이트가 더 자주 보이고, 클릭한 적 있는 콘텐츠와 비슷한 내용이 더 많이 보일 가능성이 커진다. 이런 일이 반복되면 내 SNS에는 나와 우호적인 관계의 사람들, 나와 비슷한 의견으로 가득 차게 된다.

내게 우호적인 사람과 내 입맛에 맞는 의견이 가득한 것처럼 느끼면 정서적으로는 좋을 수도 있겠지만, 세상을 왜곡된 시각으로 보게 된다는 점은 부정하기 어렵다. '트위터에서는 인구의 절반이 고양이 애호가'라는 우스갯소리가 있다. SNS에서는 고양이가 최고 인기 스타다. 이유는 알 수 없지만 고양이 사진이 화제로 오르는 빈도가 강아지 사진의 경우를 압도한다. 그런데 반려동물용품 업계의 통계를 보면 현실은 그 반대로, 강아지 집사가 고양이 집사보다 더 많다.° 하지만 적어도 SNS에서는 반려견보다 반려묘가 훨씬 많은 듯한 착시효과가 일어난다.

고양이가 강아지보다 많아 보이는 정도라면 애교로 보아 넘길 수 있지만, 객관적인 관점이 필요한 사안을 왜곡하게 되는 일은 작은 문제가 아니다. 예를 들어 사람들의 의견이 갈리는 정치적 이슈가 있다고 하자. 내 SNS에는 내 생각과 유사한 의견이 대다수다. 친한 친구라면 비슷한 정치적 성향을 갖기 쉽고, 이미 좋아요를 클릭했던 콘텐츠 역시 나와 유사한 성향의 의견을 피력했을 가능성이 크기 때문이다. 이런 식으로 개인화 필터를 통해 걸러진 의견을 우선적으로 접하다 보면, 나와 같은 편에 선 사람들의 정치적 의견이 훨씬 더 우세하게 느껴진다. 실제로는 그보다 더 다양한 의견이 존재하고, 더 나아가 대부분의 사람이 다른 의견일 때조차 나와 같은 생각이 대다수라고 믿는 왜곡이 일어날 수 있다.

사회적·정치적 사안에 대한 인터넷 여론의 영향력이 점점 더 커지고 있는 상황에서 우호적 세계 증후군은 바람직하지 않은 현상이다. 객관적인 시각을 저해하고, 더 나아가 의견이 다른 사

○ 다양한 업종의 시장조사 결과를 발표하는 스태티스타에 따르면, 2018년 전 세계의 반려견은 약 4억 7000만 마리, 반려묘는 약 3억 7000만 마리로 추정된다고 한다. https://www.statista.com/statistics/1044386/dog-and-cat-pet-population-worldwide/

람과 대화하고 타협할 기회 자체가 차단된다. 기업의 마케팅 기술이 필터 버블을 만들어내는 것이 아니라, SNS의 추천 기능이 그 자체로 필터 버블 역할을 하는 상황이라고도 하겠다. 우리가 피부로 느끼는 것보다 훨씬 더 필터 버블이 사회에 미치는 영향은 크다.

일렉트로닉 페르소나와 소멸하는 몸

학교에서는 얌전한 학생이지만, 온라인게임 속에서는 카리스마 넘치는 리더로 다른 플레이어를 이끌고 명령한다. 직장에서는 늘 핀잔을 듣는 서투른 신입 사원이지만 온라인 게시판에서는 부러움과 존경을 한 몸에 받는 '존잘님 인물이 빼어나거나 장인급의 실력이 있는 유저라는 뜻의 인터넷 은어'이다. 낮에는 도서관과 학원을 전전하는 취업 준비생이지만, 밤에는 웹 소설가로 변신해 업데이트를 목이 빠져라 기다리는 독자들에게 새 이야기를 던진다. 이처럼 오프라인 공간과 온라인 공간에서 전혀 다른 삶을 꾸리는 것은 드문 일이 아니다.

온라인 공간이 거짓이라는 의견도 있지만, 양쪽의 삶을 다 경험해본 입장에서는 이것이 진짜고 저것이 가짜라고 하기 어렵다. 직장에서는 야단만 맞는 고된 일을 하는데 SNS에서는 크리에이터로 존경받는 기쁨을 누린다면 온라인 공간의 '나'로 변신하는 시간이 훨씬 더 기다려질 것이다. 다른 사람과 함께하며 삶의 의미를 찾는다는 측면에서도 그렇다. 온라인 공간 속에서 교류하고 울고 웃는 또 다른 나의 존재가 밋밋하고 건조한 오프라인 공간의 인격체보다 더 진실하고 의미 있게 느껴질 수 있는 것이다.

온라인에서 의도적으로 오프라인과 철저하게 다른 인격으로 변신하는 일도 적지 않다. 오프라인에서는 더없이 화려하고 사교적이지만 온라인에서는 소박하고 고즈넉한 사람이 되고 싶어 하는 일도 있고, 오프라인에서 말 없고 무뚝뚝한 사람이 온라인에서는 참견을 좋아하는 수다쟁이로 살 수도 있다.

온라인 공간에서 그 나름의 인격을 갖추고 살아가는 존재를 '일렉트로닉 페르소나electronic persona'라고 말한다. 오프라인에서의 개인은 '몸'을 기반으로 존재한다. 몸이 있는 곳이 내가 있는 곳이며 몸이 하는 일이 내가 취하는 행동이다. 그렇다면 일렉트로닉 페르소나라는 존재는 무엇으로 만들어질까. SNS에 기록된 근황과 사진, 커뮤니티 게시판에 꾸준히 올린 맛집 리뷰, 좋아요를 클릭한 발자취 등 온라인 공간에 차곡차곡 남긴 흔적이 쌓여서 일렉트로닉 페르소나가 된다. 어떤 의미에서는 인터넷에 기록된 데이터 모음에 불과하지만, 다른 의미에서는 가상공간 속을 살아가는 하나의 인격체로서 다양한 역할을 수행하는 것이다.

일렉트로닉 페르소나는 SF 소설이나 영화에 등장하는 이야기가 아니다. 우리는 이미 인터넷 속에서 물리적 공간의 신체와는 전혀 다른 나로서 살고 있다. SNS에 계정을 만들고, 아는 사람을 찾아내 친구를 맺고, 근황을 업데이트하고, 원만한 관계를 위해 좋아요를 누르는 것. 이렇게 기록되는 전자데이터들이 오프라인 공간에서 집을 단장하고 친구를 사귀고 사람들과 이야기를 나누는 행동이나 다름없다. 이렇게 시시각각으로 기록되는 전자데이터가 일렉트로닉 페르소나가 살아 있다는 증거다.

컴퓨터를 기반으로 하는 전자 커뮤니케이션에서는 '육체가 소멸한다'고 표현하기도 한다. 전화 통화를 할 때는 목소리라도 존재하지만 이메일을 주고받을 때는 육체의 흔적이 사라지고 이모티콘이 얼굴을 대신한다는 이야기다. 사실 일렉트로닉 페르소나만큼 소멸하는 몸을 실감 나게 하는 것도 없다. 언제 어디서든 SNS에 접속할 수 있는 시대에는 온라인이 오프라인의 가치를 압도하는 현상도 낯설지 않기 때문이다. 몸은 가족과 함께 저녁 식사를 하고 있지만 정신은 온통 친구들과의 채팅방에 가 있던 적이 없는가. 내 마음이 머물 수 있는 곳, 정신적으로 주의를 기울일 수 있는 대상은 한정되어 있다. 온라인에서 활동하는 일렉트로닉 페르소나의 삶이 중요해지면 중요해질수록 오프라인에 존재하는 몸의 의미는 점점 옅어지게 된다.

일렉트로닉 페르소나의 죽음

수십만 명이 팔로우하는 트위터 유명인이 죽음을 맞이했다. 오프라인 공간에서의 삶은 끝났지만 그의 트위터 계정은 변함없이 살아 있다. 생전 트윗을 리트윗하는 사람도 있고, 대답은 없지만 멘션을 남기는 사람도 있다. 오프라인 공간의 몸은 죽었지만 온라인 공간의 생체반응은 남아 있다고 말할 수 있다. 거꾸로, 수십 년 전에는 온라인 게시판에서 활발하게 활동했지만 지금은 게시판에 전혀 나타나지 않을 뿐 아니라 기억 속에서 까마득하게 잊힌 존재가 있다고 하자. 게시판에 글을 썼던 누군가는 오프라인에서 잘 살고 있겠지만, 온라인 속의 존재는 이미 '죽었다'.

그 의미도 방식도 전혀 다르지만 일렉트로닉 페르소나 역시 삶으로서의 의미가 사라지는 순간을 맞이한다. 온라인 속 삶의 물리적 기반은 전자데이터다. 온라인 공간에 저장된 데이터가 모두 삭제되는 것이야말로 인터넷에서의 생체반응이 모두 사라지는 사건, 다시 말해 일렉트로닉 페르소나의 죽음인 것이다.

2000년대 초반 한국에서 큰 인기를 끌었던 싸이월드는 초창기 형태의 SNS였다. 그런데 이 회사가 기울어져 플랫폼 자체가 사라질 지경이 되자 많은 이가 낙담했다. 싸이월드 계정에 올렸던 글과 사진은 별도로 저장할 수 있다고 하지만, 이웃과 주고받았던 댓글이나 발자국이 사라질 수밖에 없다는 사실이 충격을 준 것이다. 일렉트로닉 페르소나라는 입장에서는 몇 년 동안 구축해온 모든 생체반응이 한순간에 없었던 일이 되는 것이니, 그 시절의 삶이 통째로 소멸하는 큰 사건이다. 일렉트로닉 페르소나의 삶은 원하든 원치 않든 판을 마련해준 인터넷 기업과 운명을 함께해야 하는 것이다.

원치 않게 소멸을 맞이하는 경우도 있지만, 요즘은 일렉트로닉 페르소나의 삶에 종지부를 찍는 것도 쉬운 일이 아니다. 인터넷 공간이 분화하고 복잡해지면서 2000년대 초반 싸이월드처럼 특정 서비스에 인기가 집중되는 일은 없다. 몇 개의 SNS, 몇 개의 인터넷 카페, 동영상 사이트에 계정을 만들어놓고, 검색 사이트도 원하는 정보에 따라 선택적으로 쓰는 형태가 일반적이다. 그러다 보니 의도했든 아니든 수많은 발자취가 분산되어 남겨진다. 일일이 흔적을 기억하기도 어렵다. 일부러 삭제하지 않는 한 까마득한 옛날에 온라인 게시판 어딘가에 남긴 댓글은 여전히 그대로일 것이다. 오래전 SNS에 올린 사진과 글도 여전히 온라인 공간을 떠돌고 있다. 일렉트로닉 페르소나가 여기저기에 흩어져 있다고 말할 수 있다.

오프라인에서 죽음을 맞이한 이의 일렉트로닉 페르소나를 정리하고 삭제하는 것도 큰일이 되었다. 사랑하는 이를 잃은 가족이나 친지의 마음을 정리한다는 뜻도 크지만, 이미 이 세상에 존재하지 않는 사람의 디지털 생체반응이 불필요한 혼란을 불러오지 못하도록 한다는 의미기도 하다. '디지털 장례'라고 해서 인터넷 공간에 남아 있는 일렉트로닉 페르소나를 싹 다 찾아내서 삭제해주는 서비스도 있다. 또는 인터넷에 떠도는 나의 일렉트로닉 페르소나를 의도적으로 완전히 소멸시키는 일을 '디지털 자살'이라고도 한다. 오프라인의 삶에 못지않게 고달픈 일렉트로닉 페르소나의 삶을 상징하는 듯하다.

디지털 장례나 디지털 자살을 대행해주는 상업 서비스도 등장한 모양인데, 일렉트로닉 페르소나의 식별 정보인 ID와 패스워드를 제삼자에게 위임하는 일은 대단히 신중해야 한다. 잘못해서 피해를 보거나 개인정보가 범죄에 악용될 수도 있기 때문이다.

거리로 나선 유령 시위대

2015년 4월 스페인 마드리드의 국회 앞에서 세계 최초의 홀로 그램 시위가 벌어졌다. 야외에 설치된 대형 스크린 위로 홀로그램 영상이 된 시민들이 "표현의 자유를 억압하는 악법을 철폐하라"고 구호를 외치며 행진했다. 홀로그램 시위는 푸르스름한 윤곽이 더 잘 보이도록 저녁 시간을 노려 기습적으로 이루어졌다. 컴컴한 어둠 속에서 구호를 외치며 걷는 시민들의 3D 영상은 마치 유령의 행진처럼 보였다. 당시 스페인 정부는 공공장소에서 여는 집회를 금지하는 법률을 입법하려 추진 중이었다. 집회와 표현의 자유를 억압할 소지가 큰 이 법안에 반대하는 시민이 많았다. 이에 악법을 조롱하는 기발한 아이디어가 나온 것이다. '공공장소에 유령들이 모이는 것도 법에 어긋난다고 할 참인가?'

유령 시위대는 '노 소모스 델리토No Somos Delito, 우리는 범죄자가 아니다'라는 이름의 시민 단체에 의해 신중하게 조직되었다. 우선 웹사이트를 개설해서 법안에 반대하는 이유를 설명하고 공감하는 시민들에게 참여를 부탁했다. 그런데 참여 방법이 보통 시위와는 전혀 달랐다. 의견을 말하는 목소리, 구호를 외치는 함성 등의 음성파일을 인터넷으로 보내달라고 독려한 것이다. 시민 단체가 기획한 집회는 유령 시위였기 때문에, 집회 당일 거리에

─ 세계 최초의 홀로그램 시위는 시민 단체, 3D 전문가, 홍보 전문가, 그리고 웹사이트를 통해 지지를 표명한 1만 7,000여 명의 시민이 협력해서 일구어낸 미디어 이벤트였다.

모일 필요가 없었다. 대신 목소리 파일을 기증하면 홀로그램 영상을 제작할 재료로 쓸 수 있었다. 시민들의 목소리는 실제로 시위용 홀로그램 영상 제작에 활용되었다.

이 기상천외한 홀로그램 시위는 큰 화제가 되었고, 2016년에는 세계에서 두 번째의 유령 시위가 서울 광화문 광장에서 벌어지기도 했다. 시민들의 집단행동에 대한 폭력 진압을 항의하는 의미로 진행된 이 시위도 적지 않은 반향을 불러일으켰다.

일렉트로닉 페르소나는 사이버공간에서 활동하는 개인의 분신으로서 점점 더 큰 영향력을 발휘하고 있다. 홀로그램 시위는 데이터 형태로 사이버공간에만 존재하는 일렉트로닉 페르소나가 오프라인에 진출한 사례다.

유령 시위대만큼 극적이지는 않을지 몰라도, 일렉트로닉 페르소나는 한국 사회에서 이미 시민권을 획득했다. 청와대는 웹사이트에 시민들이 주장을 펼 수 있는 '국민 청원' 코너를 개설하고, 정해진 기간에 일정 이상의 다수가 추천한 청원에는 공식적으로 답변하는 제도를 마련했다. 온라인 공간에 의견을 쓰는 일렉트로닉 페르소나의 활동을 시민이 공적으로 의견을 밝힌 것과 동등하게 취급했다고 볼 수 있다.

온라인게임 속
자폐증 이야기

자폐증은 다른 사람과의 의사소통에 어려움이 있는 발달장애다. 치료가 필요한 질환이라기보다는 개인이 평생 안고 가는 일종의 증상이라고 보는 것이 일반적이다. 하지만 어렸을 때 증세가 나타나 어른이 될 때까지 정서적 유대감이 충분히 형성되지 않는 경우가 대부분이어서, 정상적인 사회생활을 영위하기가 쉽지 않다. 그런데 흥미롭게도 가상공간 속에서는 자폐증을 가진 사람도 비교적 편하게 생활하고 큰 문제 없이 상호 관계를 맺을 수 있다는 연구 결과가 나왔다.°

한 연구자가 세컨드 라이프라는 게임의 이용자에 대해 조사했다. 가

° 미국 뉴스쿨 대학 교수 이케가미 에이코가 연구한 결과다. 일본에서 《하이퍼 월드: 공감하는 자폐증 아바타들ハイパー ワールド: 共感しあう自閉症アバターたち》2017년, NTT출판이라는 제목으로 출간되었다.

상 캐릭터로 온라인 공간에서 생활하는 게임인데, 가상 세계 속에서 다른 아바타와 친구나 애인이 되기도 하고 결혼이나 이혼도 하는 등 오프라인과 거의 비슷한 삶의 경험을 할 수 있다. 연구자는 가상 세계 속에서는 자폐증을 가진 사람의 아바타도 보통 사람과 다름없이 행동하고 소통한다는 것을 발견했다. 이들은 모임에 참여하고, 친구들과 서로의 경험에 대해 이야기하고 공감했고, 자폐증을 이해하지 못하는 사람에 대해 불평을 늘어놓기도 했다.

어떤 아바타는 "배고픔이라는 감각 자체가 옅어서 온종일 안 먹어도 아무렇지 않다"는 경험을 들려주었다. 다른 아바타는 "시야가 일반 사람보다 훨씬 넓어 시각 정보를 완벽에 가깝게 알아차린다"라며 자신의 독특한 감각 세계를 해설했다. 또 다른 아바타는 "숫자에서 색깔을 읽는" 자신의 경험에 대해 말했다. 숫자나 소리를 색깔로 느끼거나 형태에서 맛을 느끼는 등, 보통 사람들은 좀처럼 이해하기 어려운 특수한 지각 능력에 대해 설명한 것이다.

오프라인에서 보통의 언어로는 주고받기 어려운 의사소통이 가상 세계에서는 정확하고 차분하게 이루어졌다. 실생활에서는 언어를 이용한 소통이 거의 불가능한 한 아바타는 가상 세계에서는 빠른 채팅으로 의사 표현을 멈추지 않는 수다쟁이였다.

연구자는 가상게임 속 플레이어들과의 지속적인 대화를 통해 자폐증에 대해 심도 있게 이해할 수 있다고 결론짓는다. 자폐증이 일종의 질환이나 병처럼 치부되지만 실은 대다수의 사람과 조금 다른, 어쩌면 특별하다고도 할 수 있는 감각 체계를 가진 사람일 뿐이라는 이야기다. 가상 세계에서 아바타들과 나눈 대화만 가지고 다양한 스펙트럼의 자폐증을 의학적으로 일반화할 수는 없다. 다만 외부 자극이 적고 변수가 제한적인 게임 속 공간이 어떤 사람들에게는 훨씬 더 편안하게 의사소통을 할 수 있는 환경이라는 점은 사실이다.

휴대폰에 왜 카메라가
달린 걸까

디지털카메라의 등장 이후, 사진 찍기는 만인의 취미가 되었다. 필름 카메라 시대에는 입학식이나 졸업식, 휴가나 여행 같은 특별한 때나 사진을 찍었다. 그도 그럴 것이 필름 값이 만만치 않았고, 사진을 현상하는 데에도 돈이 들었기 때문이다. 그 시절에 비하면 지금은 사진을 찍는 목적이 완전히 달라졌다. 평범한 거리 풍경, 엊그제의 혼밥 메뉴, 태평스럽게 낮잠 자는 반려견… 필름 카메라 시대에는 여간해서 피사체가 되지 않던 일상적 장면을 사진으로 찍어 남긴다. 이 모두가 넉넉한 용량에 고성능 디지털카메라를 탑재하고 있는 휴대폰 덕분이라고 해도 과언이 아닐 것 같다.

휴대폰으로 사진을 찍는 게 자연스러운 만큼 '애초에 왜 휴대폰에 카메라가 달리게 된 것일까'라는 의문을 품는 독자도 별로 없을 것 같다. 하지만 곰곰이 생각해보라. 휴대폰은 원래 전화기였다. 전화기에 카메라를 달겠다는 발상은 신발에 우산을 달자는 아이디어처럼 엉뚱한 측면이 있다. 나만 해도 2000년대 초반에 카메라가 달린 휴대폰을 처음 보고, '좋은 디지털카메라를 놓고 왜 굳이 휴대폰으로 사진을 찍어야 하나?' 하며 의아하게 생각했던 기억이 난다.

카메라가 달린 휴대폰은 1999년 일본의 휴대폰 제조업체 교세라가 내놓았던 'VP-210' 모델이 최초였다. 이 휴대폰에는 화상통

세계 최초로 카메라가 달린 휴대폰 교세라 VP-210.
오른쪽 위에 달린 둥그런 렌즈가 안쪽을 향하고 있다. ©Morio

화 기능이 있었다. 화상통화를 하려면 통화자의 얼굴을 영상으로 전송해야 하는데, 이를 위해서 휴대폰에 카메라를 달았던 것이다. 이 때문에 최초의 휴대폰 카메라는 통화하는 사람의 얼굴을 찍기 위해 렌즈가 안쪽을 향했다. 카메라는 어디까지나 화상통화를 위한 것이었지 사진을 찍기 위한 용도가 아니었다는 점이 명백하다.

그런데 이 모델은 예상치 못한 반응을 불러일으켰다. 정작 화상통화를 이용하는 사람은 거의 없었지만, 휴대폰에 달린 카메라가 의외로 사랑을 받았다. 이용자들은 이 카메라를 이용해 친구, 가족, 주변 풍경 또는 자기 자신의 사진을 찍기 시작했다. 뜻밖의 좋은 반응 덕분에 렌즈의 방향이 바깥쪽으로 향한 카메라를 장착한 모델이 곧바로 시판되었고, 다른 휴대폰 제조업체도 앞다투어 카메라를 달기 시작했다.

이제 카메라는 휴대폰의 필수 부품으로 완전히 자리를 잡았다. 휴대폰 이용 행태를 조사해보면 메신저, 통화 다음으로 많이 쓰는 기능이 카메라라고 한다.

눈이 휙휙 돌아갈 정도로 빠르게 변하는 사회다. '테크놀로지의 발전에 뒤처지면 큰일 난다'는 말을 많이 한다. 하지만 휴대폰 카메라가 처음 만들어지고 인기를 끈 과정을 보면 테크놀로지가 단순히 과학자나 엔지니어가 예측하는 대로 진화하지 않는다는 사실을 잘 알 수 있다. 이처럼 평범한 사람들의 무심한 선택이나 통찰력이 발전의 결정적인 계기가 된 사례가 무수히 많다. 부지런히 새로운 기술을 만들어내는 입장에서는 '보통 사람들의 눈높이에 뒤처지면 큰일 난다'는 말이야말로 진실일 것이다.

— 1982년 개봉한 SF 영화 〈블레이드 러너〉의 배경은 2019년이다.
   당시 상상했던 미래의 전화기는 화상통화가 가능한 공중전화로,
   지금 우리가 사용하는 스마트폰과는 거리가 멀다.

다 섯   번 째   이 야 기

빅데이터와
'멋진 신세계'

　인터넷이 감시 사회로 가는 지름길을 열어젖힌 것 아니냐는 우려는 매우 타당하다. 인터넷에서는 지극히 사적인 대화나 행동거지, 까맣게 잊어버린 과거의 마음가짐까지 빼곡히 보존된다. 언제든지 검색하고 열람할 수 있는 데이터 상태로 쌓여 있는 것이다. 실제로 개인정보 침해, 사생활 노출 등의 문제가 자주 불거진다. 개인정보유출이나 인터넷 검열과 관련해 불길한 뉴스를 접하기도 한다.

　암울한 감시 사회의 전형적인 모습은 1949년에 나온 조지 오웰의 SF 소설 《1984》에 생생하게 그려져 있다. 빅브라더 이 소설에 등장한 고유명사였던 이 단어가 지금은 감시자의 대명사가 되었다라고 부르는 감시자가 모두의 사생활을 속속들이 들여다보고, 행동 하나하나를 철저하게 통제한다. 주인공은 연인과의 만남조차 허용하지

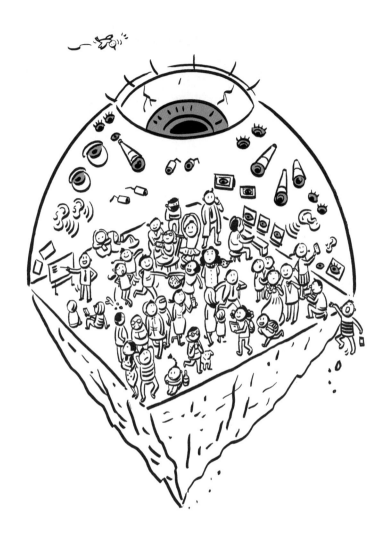

일상생활 속에서 구현되고 있는 편리함의 뒷면에는
인터넷을 통한 감시와 통제, 사생활 침해의 우려가
존재한다. SF 소설 속에서 그려진 암울하고 억압적인
전체주의가 아니라, 편안하고 쾌락적인 상업주의의
얼굴을 한 감시 사회가 도래했다.

않는 감시 속에서 괴로워하지만, 언어와 생각까지 조작하는 빅 브라더의 손아귀에서 벗어나는 것은 사실상 불가능하다. 원래 소련의 전체주의를 신랄하게 비판하면서 세상에 나온 소설이지만, 인터넷 시대에 일상화되고 있는 감시와 검열에 대한 경고메시지로 받아들여지기도 한다.

누구나 개인정보유출이나 사생활 침해를 걱정한다. 하지만 그렇다고 해도 소설 속의 '절대 악' 같은 감시자가 존재한다든가 인터넷 이용자를 철저하게 감시·통제한다는 설정도 와닿지는 않는다. 인터넷은 자발적으로 참여하는 공간이지 누가 강압적으로 하라 말라 할 수 있는 곳이 아니지 않은가. 우리가 모르는 사이에 감시와 통제가 이루어지고 있을지는 모르지만, 소설 《1984》가 묘사하는 억압적이고 소름 끼치는 감시 사회가 과연 현실적인지 의문이다. 다섯 번째 이야기에서는 우리가 실제 이용자로서 경험하는 감시 사회의 면면을 들여다보고자 한다.

팬옵티콘과 규율 사회

쿠바의 후벤투드섬에 자리 잡은 프레시디오 모델로presidio modelo, 스페인어로 '감옥의 모델'이라는 뜻는 1920년대에 준공되어 1960년대 말까지 실제로 사용된 교도소다. 가운데가 둥글게 뚫린 도넛처럼 생긴 5층의 원형 건물인데, 비어 있는 중간에 감시탑이 솟아 있고 벽 쪽으로 수감자의 감방이 촘촘하게 배치되어 있다. 감방에는 빛이 잘 들어오지만, 감시탑 꼭대기에 있는 교도관의 방은 어둠에 싸여 있다. 교도관의 방에서는 모든 감방을 속속들이 볼 수 있지만, 수감자는 교도관이 어느 방향을 보고 있는지 또는 방에 있는지 없는지조차 추측할 수 없는 구조다.

이 교도소는 18세기 영국에서 활약한 계몽주의자 제러미 벤담이 제안한 '팬옵티콘panopticon'이라는 개념에 근거해서 지어졌다. 벤담은 최소의 노력으로 최대의 행복을 추구하는 효율성의 철학, 공리주의를 신조로 삼은 사상가였다. 팬옵티콘은 소수의 교도관이 다수의 수감자를 효율적으로 감시할 수 있는 교도소로, '전지전능하다'는 뜻의 팬pan과 '보이다'라는 뜻의 옵티콘opticon이 결합한 단어다. 교도관 입장에서 모든 것이 보인다는 뜻이다.

팬옵티콘 구조의 교도소에서는 수감자가 탈옥이나 일탈을 시도할 경우 즉시 파악할 수 있다. 바로 뒤를 쫓거나 제압할 수 있다는 것도 큰 이점이지만, 실은 그보다도 더 중요한 장점이 있다. 수감자가 탈옥을 시도하는 횟수 자체가 줄어드는 효과다. 감시탑 속 교도관의 모습이 보이지 않기 때문에 팬옵티콘의 수감

— 벤담의 팬옵티콘을 원형으로 건축된 교도소 프레시디오 모델로는 1967년에
폐쇄되기까지 실제로 사용되었다. 적은 인원의 교도관으로 많은 수감자를 효과적으로
감시할 수 있는 팬옵티콘 형태는 지금까지도 다양한 형태의 건축에 활용되고 있다.
ⓒ Friman

자는 늘 누군가가 자기를 보고 있다고 가정하고 행동한다. 애초에 일탈 행위를 꿈도 꾸지 못하는 것이다. 팬옵티콘은 교도관이 감옥의 질서를 유지하는 데 아주 유리한 구조라고 할 수 있다.

개인이 자신을 스스로 검열하고 권력을 거스르려는 의지를 자발적으로 포기하는 것, 이것이 감시 시스템이 궁극적으로 원하는 바다. 누군가 보고 있을지 모른다는 생각에서 규범적으로 행동하는 것은 낯설지 않은 일이다. 우리도 사람이 많은 번화가에 갈 때는 옷을 제대로 챙겨 입고, 공공장소에서는 점잖게 행동한다. 이런 태도가 준법정신에서 우러나오면 좋겠지만 타인의 시선을 의식하기 때문인 경우가 많다. 팬옵티콘과 같은 감시 시스템은 다른 사람의 시선이 만들어내는 보이지 않는 억압을 제도화하고, 결과적으로 사람들이 규율에 복종하게 만든다. 고속도로에 과속 감시 카메라가 설치된 것만으로 운전자는 스스로 주행 속도를 줄인다. 과속 감시 카메라가 실제로 가동되지 않는 경우도 많지만 운전자는 그 여부를 알 수 없다. 언제든지 단속될 가능성이 있다고 보고 규정 속도를 지키는 것이다. 이처럼 팬옵티콘은 의외로 주변에서 쉽게 접할 수 있다.

감시 시스템이 질서를 잘 지키는 사회를 만든다는 의미에서는 긍정적 효과도 있지만, 권력의 횡포나 부조리에 저항하는 용기를 무력화한다는 점에서 바람직한 것만은 아니다. 사회적 인식이나 다른 사람의 시선을 의식해서 자기 자신을 검열하고 저지하는 감시 시스템이 효과적으로 작동되는 사회를 '규율 사회 disciplinary society, 프랑스의 사상가 미셸 푸코가 처음 주장했다'라고 한다. 거리에 침을 뱉거나 쓰레기를 버리는 사람이 없으면 도시는 깨끗하다. 질서가 잘 유지되고 겉모습도 청결한 규율 사회는 적어도 외견상으로는 문명 도시다워 보인다.

하지만 자기검열이 강하게 작동하는 이런 사회에서는 고정관념에 대해 이의를 제기하거나 권력의 억압에 저항하는 일이 훨씬 더 어렵다. 몰상식한 사람으로 치부될 수 있기 때문이다. 에스컬레이터의 한 줄을 비워 놓는 것이 오히려 좋지 않다는 것을 알고 있으면서도 매너 없는 사람으로 보이고 싶지 않아서 에스컬레이터 한쪽을 비워 놓는 대다수에 가담하는 것처럼 말이다. 만약 규율과 질서에 관한 고정관념이 소수자나 사회적 약자에 대한 편견과 결합한다면 문제가 심각하다. 에스컬레이터 이용 규칙 정도에서 그치는 것이 아니라 폭력이나 억압을 정당화할 가능성이 매우 크다.

전자 팬옵티콘, 그리고 사생활의 종말

인터넷에서 사생활이라는 것이 존재할 수 있을까. 이른바 빅데이터big data, 컴퓨터 처리 용량이 기하급수적으로 증가하면서 이전과는 비교할 수 없을 정도의 방대한 데이터를 처리할 수 있게 되었다. 빅데이터는 이런 현상을 설명하기 위해 등장한 개념이다 시대의 답변은 절망적이다. 사실상 우리가 인터넷에서 주고받는 정보나 행동은 거의 모두 기록되고 보존된다. 물론 모든 정보가 기록된다고 해서 당장 누군가가 이를 열람하거나 잣대를 들이댄다는 뜻은 아니다. 하지만 지극히 사적인 부분을 포함한 모든 정보가 노출될 수 있는 상황이라는 것은 틀림없다.

인터넷에서 어떤 정보가 수집되고 기록되는지, 수집된 정보를 어떻게 분석하는지 이용자는 알 수 없다. SNS나 웹사이트를 운영하는 입장에서는 이런 사항이 영업비밀에 속하기 때문에 공개하지 않는다. 컴퓨터 운영 시스템이나 스마트폰 애플리케이션마다 전문용어가 어지럽게 섞인 이용약관이 붙어 있는데, 전문 지식이 없는 일반인이 그 내용을 이해하기는 쉽지 않다. 서비스를 이용하기 위해서 일단 '동의' 버튼을 클릭하지만, 그 행동이 어떤 결과를 갖고 올지 예측할 수 없는 상황이다. 결과적으로 운영자는 이용자의 일거수일투족을 다 파악할 수 있지만, 이용자는 운영자가 무엇을 어디까지 알고 있는지 짐작조차 하지 못한다.

인터넷이 '전자 팬옵티콘'이라고 일컬어지는 것은 이 때문이다. 마치 팬옵티콘에 갇힌 교도관과 수감자의 관계처럼 인터넷 사이트의 운영자와 이용자의 관계도 일방적이다. 인터넷 사이트의 운영자에게는 이용자의 모든 흔적이 손바닥 위에 올려놓은 듯 훤히 보이는 반면, 이용자는 사이트 운영자의 모습을 전혀 볼 수 없다. 개인정보가 처리되는 상황은 깜깜한 블랙박스 속에 숨겨졌다.

로그인이 필요 없거나 익명으로 활동 가능한 플랫폼에서라면 조금은 낫다고 할 수 있지만, SNS처럼 로그인을 해야 하는 플랫폼의 이용 비중이 점점 더 커지고 있다는 점이 문제다.

개인정보 유출이 걱정된다면, 웹사이트를 이용할 때 로그인을 삼가면 되는 시절도 있었다. 그런데 지금은 대부분 스마트폰으로 인터넷에 접속한다. 전화번호로 금세 이용자 개인을 특정할 수 있는 스마트폰을 통해 인터넷에 접속하는 한, 개인의 사용 이력은 얼마든지 추적 가능하다. 게다가 요즘에는 스마트폰뿐 아니라 PC나 게임기, 전자 서적 등 다양한 디지털 미디어도 인터넷에 연결한 상태에서 사용한다. 로그인을 자제한다고 개인 정보유출을 막을 수 있는 시대가 아닌 것이다.

인터넷의 감시 시스템에는 빅데이터 기술이 뒷받침된다. 오프라인보다 훨씬 강력하다. 방대한 양의 정보가 인터넷에 기록될 뿐 아니라 언제든지 키워드로 검색할 수 있다. 사실상 단 하나의 정보 조각도 빠짐없이 검열 가능한 상태라고 할 수 있을 정도다. 이렇게 거의 모든 개인정보가 즉시 검색과 추적이 가능한 상태에 다다른 감시 시스템을 '슈퍼 팬옵티콘super-panopticon, 미국의 미디어 학자 마크 포스터가 명명한 용어다'이라고도 한다.

슈퍼 팬옵티콘 상태에서는 검열 효과도 극대화된다. 국가나 조직이 인터넷에 올라온 글을 일일이 들여다보고 하나하나 단속하려 한다고 생각해보자. 사람들은 문제가 될 만한 발언을 조심하거나 아예 인터넷에서 발언하는 일 자체를 포기할 것이다. 인터넷 검열이 표현의 자유를 위축시킨다는 우려가 여기에서 나왔다. 빅데이터 기술이 발전하면서 감시 사회의 악몽이 실제로 눈앞에서 펼쳐지고 있다.

도대체 누가 빅브라더인가

인터넷이 전자 팬옵티콘과 같은 답답한 상황을 만들어낸 것은 사실이다. 하지만 구체적인 상황을 들여다보면 교도관이 일방적으로 수감자를 감시하는 팬옵티콘 교도소와는 다른 측면이 많다.

우선 전자 팬옵티콘 속에서는 감시자를 명백하게 지목하기 쉽지 않다. 일차적으로 생각할 수 있는 감시자는 웹사이트의 운영 주체다. 카카오톡이나 페이스북처럼 로그인해서 사용하고 개개인의 사생활이 시시콜콜하게 기록되는 웹사이트는 모든 정보가 집중되고 취합되는 전자 팬옵티콘의 전형이다. 실제로 이런 웹사이트의 개발자나 엔지니어는 웹사이트에서 오가는 거의 모든 정보를 열람할 수 있다. 로그인에 필요한 패스워드는 운영자가 함부로 열람할 수 없도록 암호화하기도 하지만, 기술자 입장에서는 절차가 복잡해졌을 뿐 정보를 빼낼 방법은 늘 존재한다. 그런 면에서 웹사이트의 운영자는 명백히 감옥의 교도관과 동일한 입장이다.

그런데 웹사이트의 운영자는 감시자의 입장만 취하지 않는다. 해킹 같은 불순한 움직임이나 웹사이트 외부에 존재하는 또 다른 감시자로부터 이용자를 보호하는 것도 운영자가 하는 일이다. 한편으로는 감시자이지만 다른 한편으로는 보호자의 역할을 맡고 있다.

게다가 웹사이트 운영자라고 해도 상위 권력의 요구에는 쉽게 저항할 수 없는 약자다. 국가기관이나 회사의 상부 조직에서 정보를 제공하라는 요구를 하면 군소리 없이 응해야 하는 입장이다. 소설 속에서는 절대 악역으로 그려지는 빅브라더와 전혀 다른 것이다. 결과적으로 웹사이트의 운영자는 전자 팬옵티콘 속에서 기술적으로는 '감시자'이지만, 어떤 면에서는 외부의 감시로부터 이용자를 보호하는 주체이기도 하고, 더 큰 권력에 대항할 힘이 없다는 의미에서는 약자이기도 하다.

전자 팬옵티콘 속에서 감시를 받는 입장도 복잡해졌다. 언제든지 자신의 정보가 노출될 수 있는 취약한 입장의 개인 이용자가 수감자의 입장이라는 점은 분명하다. 그런데 문제는 요즘 세상에 웹사이트의 이용자가 아닌 개인이 있느냐는 점이다. 세계에서 제일 힘이 센 권력자도 트위터에 글을 올리고 구글에서 검색한다. 억만장자도 카카오톡에 가입해야 친구와 의사소통할 수 있고, 유명 영화배우도 유튜브에서 음악을 듣는다. 전자 팬옵티콘 속에서 전지전능한 웹사이트 운영자도, 다른 웹사이트를 이용할 때는 개인 이용자에 불과하다. 웹사이트 운영자에게 명령할 수 있는 국가의 고위 관료나 회사의 경영자라고 해도 이메일 정보가 누출될 위험에서 완전히 자유롭지 않다. 인터넷이라는 플랫폼 위에서 '이용자＝수감자'라는 입장에서 완전히 벗어날 수 있는 주체는 사실상 없다고 해야 하는 것이다.

더구나 인터넷에서는 개인이라는 개념조차 복합적이다. 오프라인에서는 한 명의 개인이지만 인터넷 공간에서는 여러 명의 일렉트로닉 페르소나가 될 수 있다. 어떤 경우에는 여러 명의 개인이 온라인에서 한 명의 인격체가 되기도 한다. 온라인에서는 개인을 명쾌하게 구분할 만한 기준이 존재하지 않는 것이다.

자, 이렇게 복잡다단한 상황에서 과연 누가 《1984》의 빅브라더 같은 절대적 감시 권력을 얻을 수 있겠는가. 경우에 따라서 빅브라더는 존재하지 않는다고 할 수도 있고 다른 한편으로는 누구나 빅브라더라고 해야 할지도 모른다. 정보네트워크가 복잡하게 발전할수록 감시 시스템도 분화한다. 학교와 직장, 금융 시스템 등의 감시 시스템이 촘촘하게 얽혀 있어서, 결과적으로 개인은 단 한 순간도 감시와 통제에서 벗어날 수 없다. 벗어나기는커녕 굳이 스마트폰 속 SNS 애플리케이션을 가동시켜 전자 팬옵티콘 속으로 자신을 밀어 넣기도 한다.

앞서 규율 사회라는 개념을 소개했다. 이 개념은 형무소나 과속 단속 카메라가 설치된 고속도로처럼 감시 권력을 특정할 수 있는 상황을 설명한다. 감시자가 누구인지 명확하므로 어떤 규율을 지켜야 하는지도 분명하다. 교도소라면 도주할 생각을 말아야 하고, 고속도로에서는 과속을 하면 안 된다.

그런데 우리가 지금 처한 상황에서는 누가 누구를 감시하는지 특정할 수 없다. 신용카드를 쓰는 순간, 교통카드로 버스에

승차하는 순간, SNS 애플리케이션을 가동시키는 순간, 아무 생각 없이 아파트 앞의 감시 카메라를 지나는 순간 감시 시스템에 우리의 흔적이 남는다. 감시 행위를 관장하는 권력이 누구인지, 이를 통해 누가 이득을 얻는지도 애매하다. 오히려 감시 시스템에 들어가고 나오는 열쇠는 감시당하는 개인이 쥐고 있다. 신용카드 비밀번호는 소유자가 알고, SNS 애플리케이션에는 계정 주인만이 로그인할 수 있는 것이다. 이렇게 자율적이고 유동적이지만 한순간도 빠져나갈 수 없는 고도의 감시 사회를 통제 사회society of control, 프랑스의 사상가 질 들뢰즈가 주장했다'라고 한다. 감시 시스템이 이미 일상생활의 일부가 된 것이다.

뒤에서 자세하게 소개하겠지만 감시라는 행위에 대한 해석 자체도 다양해졌다. 특정한 사람을 스토킹하고 생각을 검열한다는 면에서 부정적인 의미의 감시 행위가 있다. 다른 한편으로 정치인, 공무원같이 세금을 이용해 공공에 봉사하는 특정인에 대한 감시 행위는 시민 사회의 공공성을 보호하기 위해 무엇보다 중요하다. 인기를 끄는 TV의 리얼리티 프로그램이나 브이로그 동영상은 감시 행위를 오락콘텐츠로 바꾼 것이다. 이런 콘텐츠의 주인공은 사생활을 기꺼이 공개한 것이니 자발적으로 감시당하는 입장을 택했다고도 하겠다. 누가 누구를 감시하는 것인지 구분이 모호하고, 감시하는 행위와 감시받는 행위의 의미도 애매해졌다. 이런 상황이다 보니 소설 《1984》에서 그려진 무시무시한 감시 사회가 오히려 비현실적으로 느껴지기도 한다.

현재진행형인 멋진 신세계

올더스 헉슬리의 소설 《멋진 신세계 Brave New World》는 인간의 자유의지보다 과학기술의 정확함이 더 가치 있는 덕목이 된 사회를 그리고 있다. 타고난 유전자의 질적 우월성을 따져 인생을 결정하고, 어린 시절에 주입된 심리 정보 때문에 불행하다는 감정조차 느끼지 않는다. 거리는 청결하고 사람은 늙지 않으며 모든 행동은 철저하게 감시 또는 보호된다. 우울함이 엄습하는 순간에는 긴장을 풀고 환각 상태에 빠질 수 있는 약이 주어진다. 사람들은 통제와 관리를 안전함과 편안함의 원천으로 여긴다. 실제로는 철두철미한 감시 시스템이 돌아가고 있지만 개인은 인지할 수도 없고, 인지했다고 해도 벗어날 생각이 없다.

이 소설의 무시무시하고 대담한 상상력은 수많은 SF 영화의 영감이 되었다. 1940년대 소비에트연방을 염두에 두고 전체주의 사회를 비판하는 의미로 쓰인 소설 《1984》보다 훨씬 지금의 현실과 가까운 이야기다. 실제로 몇 년 전에 두 소설을 읽고 토

— 헉슬리의 《멋진 신세계》가 출간된 1932년은
   과학기술의 진보로 눈부시게 발전한 미래 사회에 대한
   장밋빛 기대가 잔뜩 부풀던 시기였다. 헉슬리는
   당시에 유행하던 유토피아에 대한 상상력을 패러디해
   과학기술에 대한 냉소와 풍자로 가득 찬 이 소설을 썼다.

론하는 강의를 했는데,《1984》보다《멋진 신세계》가 더 와닿는다고 말한 학생이 압도적으로 많았다.

인터넷은 현대판《멋진 신세계》일지도 모른다. SNS에서 내가 취하는 작은 행동, 타임라인에 좋아요를 누르거나 관심이 가는 링크를 클릭하는 행위가 플랫폼을 운영하는 회사에 보고되고 축적된다. 그 속에서 감시 시스템이 빈틈없이 작동한다는 것을 잘 알지만, 이미 인터넷 속 사회에 깊숙이 참여하고 있는 한 벗어나기는 어렵다.

감시의 다양한 형태:
밴옵티콘, 시놉티콘, 폴리옵티콘

우리는 인터넷이라는 슈퍼 팬옵티콘 속에 착실하게 자리 잡았다. 이제 감시란 피할 수 없는 숙명일지도 모른다. 하지만 그렇다고 해서 감시하고 감시당하는 상황을 수동적으로 받아들이라는 뜻은 아니다. 오히려 감시의 메커니즘을 더 잘 이해하고 필요에 따라 대응할 수 있는 지혜를 준비해야 한다. 여기에서 말하는 지혜는 무기력하게 감시를 당하는 상황에 대항하라는 뜻도 있지만, 나 자신이 무의식적으로 감시 권력을 남용하고 있지는 않은지 성찰하고 스스로 조심해야 한다는 의미도 된다.

요즘은 감시의 시대라는 말이 무색하지 않을 정도로 다양한 감시 시스템이 존재한다. 서로 다른 상황과 맥락에서 실제로 작동하고 있는 여러 가지의 감시 형태를 소개하려 한다.

무차별적으로 모든 사람이 감시를 받는 팬옵티콘과 달리 특정 집단이나 개인을 선택해서 감시하는 것을 '밴옵티콘ban-opticon'이라고 한다. 밴옵티콘의 밴ban은 '금지하다, 배제하다'라는 뜻이다. 앞에서 설명했듯이 '보다, 보이다'라는 뜻의 옵티콘과 함께 써서 일부만을 선택하거나 또는 배제해서 감시하는 형태를 뜻한다. 출입국 심사를 할 때 외국인만 지문채취를 의무화한다든가 유색인종이나 특정 종교를 나타내는 복장을 한 사람에게 더 엄격한 취조를 한다든가 하는 일이 전형적인 사례다.

기본적으로 감시는 앞으로 일어날지도 모르는 사건을 상정하고 사전에 대비하는 행동이다. 특정 국적이나 인종, 종교를 가진 사람들만 감시 시스템 속으로 밀어 넣는 것은 범죄를 저지르거나 주변에 피해를 준 적이 없는 사람을 억울하게 낙인찍는 것과 다름없다. 따라서 밴옵티콘은 감시 행위가 차별이나 인권 침해의 수단으로 사용되는 형태라고 할 수 있다.

드물게는 밴옵티콘을 사회적 합의를 거친 정당한 법적 수단으로 삼는 경우도 있다. 상습적으로 성범죄를 저지른 범죄자에게 전자발찌를 채워서 언제나 위치추적이 가능한 상태에 두는 제도가 그렇다. 특정 개인을 늘 감시한다는 점에서는 인권 침해라고 볼 수도 있지만, 상습적인 성범죄자를 감시함으로써 또 다른 성범죄를 예방하고 피해자를 보호한다는 명분에 더 많은 사람이 납득하는 것이다.

한편 '시놉티콘synopticon'이라고 부르는 감시 형태도 있다. 소수의 교도관이 다수의 수감자를 감시하는 것이 팬옵티콘이라면, 시놉티콘은 반대로 다수의 감시자가 함께 소수의 권력자를 지켜보는 상황이다. '함께'라는 뜻의 접두사 신syn과 옵티콘이 결합해서 '모두 함께 보다'라고 해석되는 단어다.

시놉티콘은 권력에 의한 검열이나 억압보다는 공공성과 자발성에 근거할 때가 많아 긍정적으로 해석된다. 예를 들어 국회회기 중에는 온종일 회의 장면을 중계하는 TV 채널이 있다. 이 프로그램은 단순히 보고 즐기기 위한 것이 아니라 시민의 대표인 국회의원이 제 역할을 다하고 있는지 감시하기 위한 것이다. 시민 모두가 감시자가 되어 국회의원을 감시하는 시놉티콘이다.

TV 리얼리티 프로그램이나 인터넷 방송에서는 연예인이나 크리에이터가 자발적으로 일상생활을 공개한다. 다수의 시청자들이 방송 속 주인공을 항상 바라볼 수 있다는 면에서 감시자가 된다. 하지만 방송 속 등장인물을 억지로 밀어 넣은 것은 아니다. 감시당하는 쪽에서 스스로 오락콘텐츠를 위해 자신을 공개한 것이기 때문이다.

시놉티콘은 감시 행동이 단순히 권력적 억압을 뜻하는 것만은 아니라는 사실을 잘 보여준다. 대의민주제가 제대로 작동하고 있는지 관심을 갖는 것도 일종의 감시고, 또는 미디어가 자발적으로 감시 상황을 만들어 볼거리를 만들어내는 사업도 있으니 말이다.

'폴리옵티콘polyopticon'이라는 개념도 있다. '다수, 복수'를 뜻하는 폴리poly와 옵티콘이 결합한 말이다. 이는 모두가 감시자이며 동시에 피감시자인, 전방위적 감시 형태를 말한다. 예를 들어 최근에 만들어지는 레스토랑에서 심심찮게 도입하는 오픈 키친을 생각해보자. 홀에서 음식을 만드는 주방을 훤히 들여다볼 수있고 주방에서도 홀의 상황을 알 수 있는 개방적인 형태다. 손님입장에서는 주방이 청결하게 유지되는지 감시할 수 있다는 이점이 있고, 주방에서도 손님이 음식을 즐기고 있는지 파악할 수있으니 이득이다. 이런 감시 형태는 쾌적한 서비스 환경을 만드는 데에 도움이 된다.

어떻게 보면 SNS도 폴리옵티콘의 형태를 취한다고 할 수 있다. SNS에서는 모두가 감시자이기도 하고, 모두가 감시를 당하고 있다고도 할 수 있다. 업데이트하는 사진이나 타임라인은 언제든 감시 대상이 될 수 있지만, 다른 한편으로 다른 사람의 타임라인을 기웃거리는 소소한 감시 행위가 허용되는 것이다.

관찰하는 모든 행위를 '감시'라는 범주에 넣을 필요는 없다고 할지도 모른다. 하지만 요즘은 거의 모든 장면이 사진, 동영상 또는 SNS의 정보로 보존될 가능성이 있다는 사실을 잊어서는 안 된다. 일단 남은 정보는 당장은 인터넷에 올라가지 않더라도, 여차하면 빅데이터의 일부가 될 수 있는 대기조나 다름없다. 상황이 이러하니 그저 보는 행위라도 궁극적인 의미의 감시가 아니라고 단언할 수는 없다.

세계에서 감시 카메라가
가장 많은 도시는?

감시 카메라는 두 얼굴을 가졌다. 의식하지 못하는 사이에 카메라에 찍히고 있다면 불쾌하지만, 다른 한편으로는 범죄로부터 보호받을 수 있겠다는 안도감을 주기도 한다. 그래서일까. 전 세계를 테러리즘의 공포로 몰아넣었던 2001년 '9.11 테러°' 이후, 세계 주요 도시에서 감시 카메라의 수가 급속도로 늘기 시작했다.

2010년대 이후 앞장서서 감시 카메라를 늘리고 있는 곳은 중국의 도시다. 테크놀로지 관련 서비스에 대한 조사 결과를 발표하는 웹사이트 www.comparitech.com에 따르면, 2019년 세계에서 감시 카메라가 가장 많이 작동하고 있는 도시는 중국의 충칭으로 인구 1,000명당 168대라고 한다. 선전, 상하이, 톈진, 지난 등 중국의 다른 도시가 뒤를 이어 5위권을 차지했다. 중국은 앞으로도 감시 카메라 시스템을 강화할 태세인데, 2022년까지 보행자 2명당 1대의 카메라가 지켜보는 촘촘한 감시망을 구축할 계획이라는 소식도 들린다. 얼굴 인식 기술이 상당한 수준으로 진보한 만큼, 감시 카메라로 무장한 빅브라더가 실제로 출현할 가능성도 부정할 수 없다.

중국을 제외하고 감시 카메라가 제일 많은 도시는 영국 런던이다. 런던은 9.11 테러가 발생하기 전부터 감시 카메라 설치가 상당히 진전되었는데 IRA 아일랜드공화군의 폭탄 테러가 런던에서 빈발했던 1990년대의 불안한 정치 상황과 관련이 있다.

실제로 감시 카메라 덕분에 테러 공격이 줄었다는 것을 입증하기는 어렵다. 감시 카메라를 많이 설치할수록 범죄율이 줄어

∘   2001년 9월 11일 미국 뉴욕, 워싱턴 등지에서 동시에 발생한 자살 테러. 민간 항공기 네 대를 납치해 뉴욕의 세계무역센터, 워싱턴의 국방부 펜타곤 건물 등에 충돌시켜, 3,000명에 가까운 인명 피해를 냈다. 이후 이슬람 극단주의자 테러 집단에 대한 대규모 공습이 이루어지면서 이른바 '테러와의 전쟁'의 계기가 되었다.

─ 세계 어느 도시에서도 감시 카메라를 피할 수는 없다. 테러나 범죄로부터 시민을 지켜준다는 명분으로 감시 카메라가 증가하는 추세지만, 범죄율이 줄어드는 것과의 인과 관계는 확인되지 않았다.

든다는 인과 관계도 뚜렷하게 드러나지 않았다. 다만 범죄에 대한 두려움이 감시 카메라를 용인한 마음가짐과 관련 있다는 것만은 확실하다.

잊힐 권리 VS 알 권리°

스페인에서 약 30년 전 실형을 선고받은 두 명의 마약 밀매범이 형기를 마치고 출소했다. 이들은 자신의 이름을 인터넷에서 검색하면 수십 년 전에 실형을 받고 이미 대가를 치른 마약 선고 기사가 상위에 뜨는 것을 알게 되었다. 그래서 마약 사건 기사를 게재한 신문사를 대상으로 잊힐 권리 right to be forgotten를 보장해달라는 소송을 걸었다. 데이터베이스에서 기사를 삭제하라고 요구한 것이다. 어느 쪽의 손을 들어주겠는가. 마약으로 실형을 살았던 개인의 '잊힐 권리'를 보장하는 것이 중요할까, 아니면 마약에 대한 경각심을 불러일으키기 위해 시민의 '알 권리'를 지키는 것이 더 중요할까.

° 이 절은 2015년 11월 9일, 〈뉴스1〉에 기고한 칼럼 "두 얼굴을 가진 잊힐 권리"http://news1.kr/articles/?2481684에 소개한 내용을 수정한 것이다.

온라인 공간에 존재하는 개인정보는 어디까지 보호되어야 할까. 개개인의 행복추구권과 관련된 만큼 보호해야 한다는 데에는 모두 동의하겠지만, 다른 한편으로 어떤 정보는 공적으로 공개될 필요도 있다. 이 애매한 경계선에 관한 사회적 합의는 이루어지지 않았다. 예를 들어 어떤 사람이 SNS에 여행 사진을 실시간으로 올렸다. 이 사진을 본 스토커가 장소를 추정해서 이 사람을 따라갔다고 하면, 그 책임 소재는 누구에게 있는 것일까. 스토킹 행위가 범죄라는 데는 이견이 없지만, 사생활을 침해한 것이라고 볼 수 있느냐 하는 점에서는 논란이 생길 수 있다. 여행 사진을 올려 자신이 있는 곳을 자발적으로 노출한 쪽에서는 "스토킹하라고 공개한 것은 아니다"라고 항변할 테지만, 반대편에서는 "스스로 공개한 정보로 추정한 것인데 무엇이 잘못인가"라고 반론할 수 있는 것이다.

인터넷에 기록되고 보존되는 나, 즉 일렉트로닉 페르소나가 점점 중요해지면서 등장한 개념이 잊힐 권리다. SNS에 자발적으로 올린 정보라면 스스로 삭제하면 자연스럽게 잊힐 수도 있겠지만, 뉴스 기사나 웹사이트 속에 저장된 정보는 자신의 의도와 상관없이 언제까지나 보존된다. 잊힐 권리는 웹사이트 데이터베이스에 자동으로 남는 개인정보를 영구적으로 삭제하도록 요청할 수 있는 권한으로, 2012년 유럽연합EU에서 처음 명문화했다.

사생활 침해에 대한 우려가 큰 만큼 잊힐 권리라는 개념이 등장한 것은 반가운 일이다. 그렇지만 개인의 잊힐 권리가 철저하게 지켜지는 것이 반드시 바람직하다고 할 수는 없다. 시민의 알 권리를 침해할 가능성이 있기 때문이다.

예를 들어 스페인의 마약 밀매범이 자신의 잊힐 권리를 보장해달라고 제기했던 사안을 다시 보자. 1심, 2심 재판을 거쳐 스페인 최고법원에까지 올라가 판단이 내려졌는데, 최종적으로는 '신문사는 기사를 삭제할 의무가 없다'는 선고가 나왔다. 개인의 잊힐 권리보다 시민의 알 권리가 중요하다고 본 것이다. 실제로 잊힐 권리와 관련해서 판결이 내려졌거나 진행 중인 소송의 대부분이 범죄 이력이나 탈세 정보 등 위법 행위에 대한 데이터 삭제와 관련되어 있다. 개인정보 침해를 막는다는 명분으로, 정치인이나 사회적 책임이 큰 인사들이 과거 이력을 세탁하는 일은 오히려 공익에 반할 수도 있다. 개인의 권리를 보장하고 사생활을 보호한다는 의미에서는 잊힐 권리가 중요하지만, 많은 사람의 행복과 안위를 위해서는 알 권리가 더 중요하다는 주장에도 귀를 기울여야 한다. 세상에는 잊어서는 안 되는 일도 있다.

한 걸음 더

미래에는 어떤 직업이
살아남을까?

앞으로 많은 직업이 사라진다고 한다. 영국 옥스퍼드 대학 연구팀의 예측에 따르면, 2030년까지 자동화 기술로 인해 미국에서만 약 47%의 직종이 직접적인 위협을 받는다고 한다.° 인간을 돕기 위한 자동화 기술과 로봇이 인간의 할 일을 빼앗는 주객전도가 벌어지고 있는 것이다.

본래 컴퓨터나 로봇의 힘을 빌린 자동화의 장점은, 규칙적이거나 통상적인 작업을 지치지 않고 수행하는 지구력과 정확성에 있었다. 정해진 순서에 따라 정해진 작업을 수행하는 공장의 생산직, 매뉴얼에 따라 영업을 펼치는 텔레마케터 등은 자동화 기술로 치명타를 입을 것으로

○ 2013년 옥스퍼드 대학의 마틴스쿨 연구진이 발표한 논문 "직장의 미래: 직업은 자동화 기술에 얼마나 취약한가The Future of Employment: How susceptible are jobs to computerisation?" 전문이 다음에 공개되어 있다. https://www.oxfordmartin.ox.ac.uk/publications/the-future-of-employment/

이미 일찍부터 내다보았다. 여기까지는 놀라울 것도 없다.

　문제는 빅데이터 기술이 다방면에서 활용되면서 컴퓨터나 로봇이 이례적이고 불규칙한 상황에서도 능력을 발휘하게 된 것이다. 빅데이터는 방대한 자료를 참조해서 최선책을 찾아내므로, 사견이나 선입견이 끼어들기 쉬운 인간보다 더 공정하게 상황 판단이 가능한 때도 있다. 예를 들어 환자의 증세를 보고 병을 진단하는 일, 광범위하게 관련 정보를 검토해야 하는 법률 상담이나 금융 컨설팅, 다양한 인재를 보고 판단하는 기업의 인사 담당 등의 분야는 이미 어느 정도 빅데이터에 자리를 내주었다. 고도의 지적 판단이 필요한 전문 분야지만, 빅데이터를 능가하는 판단력과 공정성을 담보하기는 어렵기 때문이다.

　반면 컴퓨터나 로봇이 좀처럼 대체하기 어려운 직종도 있다. 앞서 소개한 연구의 예측 모델에서는, 대상을 직관적으로 인지하는 능력, 임기응변이 필요한 상황에서의 정밀한 조작, 새로운 것에 대한 상상력과 독창성 등은 고성능 컴퓨터나 로봇이 쉽게 넘어설 수 없는 능력이라고 보았다. 구체적으로는 환부를 직접 치료하는 외과 의사나 치과 의사, 정비나 설치, 수리업무의 감독자, 안무가나 큐레이터 등은 자동화의 영향을 덜 받으리라고 예측했다.

　사실 예측은 어디까지나 예측일 뿐, 반드시 실현되지는 않는다. 구체적인 예측 결과보다 그 논리적 배경에 주목하는 것이 더 흥미롭다. 예를 들면 역사학자나 경제학자에 비해, 심리학자나 인류학자의 전망이 더 밝다고 예측되었다. 왜일까. 과거의 문서나 양적인 분석 모델에 의존하는 영역은 컴퓨터나 로봇으로 비교적 대체 가능한 데에 비해, 변화무쌍한 상대와 소통하고 관찰할 줄 아는 직관력은 자동화 기술로 구현하기 어려운 인간 고유의 능력이라는 것이다. 타인과 소통할 줄 아는 사회성과 외부 세계를 관찰할 줄 아는 감성, 이것이야말로 미래의 인재가 갖추어야 하는 덕목이 아니겠는가.

스마트폰과
부활하는 촉각

우리가 늘 사용하는 휴대폰의 모든 조작은 손으로 이루어진다. 인공지능 스피커를 이용해 목소리로 조작하는 방법도 퍼지고 있지만, 아직까지 휴대폰은 손으로 사용하는 일이 대부분이다. 손을 뻗어 전화를 받고, 손으로 문자를 입력하며, 손으로 페이지를 넘기고, 심지어는 사용하지 않을 때도 주머니 속에서 손으로 만지작거린다. 휴대폰만큼 손과 밀접하게 연결된 물건이 없다고 해도 과언이 아닐 것 같다.

흔히 쓰는 핸드폰이라는 말도 손과 전화가 결합한 단어 아닌가. 핸드폰은 거실이나 공중전화 부스에 고정되어 있던 전화기와는 달리 손으로 들고 다닐 수 있다는 의미에서 붙은 애칭이었다. 유럽에서 휴대폰 보급이 가장 빨랐으며, 스마트폰이 등장하기 전 노키아라는 휴대폰 브랜드로 유명했던 핀란드에서는 휴대폰을

'캰니까kännykkä'라고 부르는데 이 역시 손으로 드는 물건이라는 뜻이다. 중국에서도 휴대폰의 일반적인 호칭은 '서우지手机'로 손으로 드는 기계를 뜻한다.

1979년 미국 통신회사 AT&T가 장거리 공중전화 서비스에 대한 대대적인 광고 캠페인을 시작했다. 그때의 광고 문구는 '손을 뻗으면 닿아요Reach out and touch someone'였다. 한 손으로는 수화기를 귀에 대고, 다른 한 손으로는 공중전화의 버튼식 다이얼에 손을 올리고 있는 장면을 담은 포스터가 상큼하다. 요즘은 길거리에서 공중전화를 거의 찾아볼 수 없지만, 수화기를 귀에 대고 전화기 버튼을 누르는 장면은 낯설지 않다.

일반적으로 전화는 목소리를 전달하는 물건, 다시 말하자면 청각 정보를 매개하는 미디어다. 그런데 전화를 걸거나 받으려면 손으로 수화기를 들어서 귀에 갖다 대어야 하고, 손을 뻗어 전화번호를 눌러야 한다. 손을 뻗으면 닿는다는 광고 문구는 목소리를 듣기 위해 손을 움직여야 한다는 사실을 깨우쳐준다. 사실 전화는 청각 미디어 이전에 촉각 미디어라고도 할 수 있다.

명백하게 특정한 감각으로 연결되는 시각, 청각, 후각 등과 달리 촉각은 일부러 의식하지 않는 한 알아차리기 쉽지 않다. 컴퓨터 자판을 두드리는 손가락의 느낌이나 걸을 때 발바닥이 땅에

— AT&T의 '손을 뻗으면 닿아요' 광고 캠페인은 미국 광고 역사에서 성공인 사례로
  손꼽힌다. 이 캐치프레이즈의 전화 광고는 1990년대까지 포스터, CM송, 영상물 등
  다양한 매체로 대중에게 노출되었다.

닿는 느낌을 번번이 의식하지는 않는 것이다.

　앞서 소개한 적이 있는 마셜 매클루언은 일찌감치 촉각에 관
심을 표명한 미디어학자였다. 그는 TV는 시각, 라디오는 청각이
라는 식으로 신체 감각을 통해 미디어를 정의했는데, 그 연장선
에서 '전자 미디어는 촉각적'이라는 오묘한 말을 하기도 했다. 사
실 AT&T가 은근히 촉각을 어필하는 광고를 만든 것도 매클루언

의 이 말에 영감을 얻어서였다. 매클루언은 왜 전자 미디어가 촉각적인지 명확하게 설명하지는 않았다. 눈에 보이지 않는 전기신호를 눈에 보이는 메시지로 바꾸는 구조를 촉각에 빗댄 것인지, 전자제품 대부분이 손으로 조작하는 스타일이라는 점에 주목한 것인지, 아니면 일상에 스며들어서 알아차리기 어려운 감각이라는 의미에서 촉각이라고 하는 것인지. 해석은 다양하다.

인터넷은 언제나 손을 뻗으면 닿을 수 있는 공기와도 같은 존재다. 일상과 하나가 되어버려 촉각처럼 의식하지 않는 한 알아차리기 쉽지 않다. 우리는 손촉각을 능숙하게 이용해 스마트폰을 조작해 촉각과도 같은 인터넷에 접속하고, 동영상시각도 보고 음악청각도 듣는다. 모바일 인터넷의 시대, 촉각이야말로 실은 모든 감각을 장악한 전능한 존재라고 해야 하지 않을까?

— 휴대폰 제조사는 모바일 미디어와 촉각의 은밀한 관계를 재빨리 알아차렸다.
2008년 스마트폰 열풍을 몰고 온 애플의 아이폰이 출시될 때의 광고 문구는
'터치는 믿음입니다Touching is believing'였다.
실제로 모바일 미디어를 개선하고 새로이 디자인하는 과정에서 촉각,
또는 손에 관련한 경험은 중요한 관점으로 자리 잡았다.

마 지 막   이 야 기

미래 도시의 구성원은
누구일까

　인터넷은 어느 사이엔가 일상 깊숙이 파고들었다. 의식하기조차 쉽지 않았던 자연스러운 변화가 쌓이고 서로 반응하면서 삶을 크게 바꾸어놓았다. 모든 변화는 인터넷에서 시작했다고 단언할 수 있지만, 첫 번째 이야기에서 소개했듯 인터넷은 과학 기술 발전의 돌연변이 같은 존재였다. 인터넷 혁명은 한두 명의 천재가 만들어낸 것도 아니요, 과학자나 엔지니어가 의도했던 것도 아니었다. 누구도 의도한 적 없는 혁명, 모두에게 큰 영향을 미치고는 있으나 일상에 매몰되어 잘 드러나지 않는 큰 변화를 우리는 경험하고 있다.

　앞으로도 세상이 크게 변하리라는 것은 뻔한 사실이다. 하지만 그 변화가 어떤 것일지 예측하기는 쉽지 않다. 인터넷과 네트워크 테크놀로지의 후광을 업고 무섭게 발전하고 있는 인공지능 기술이, 더 빠르고 더 똑똑하며 더 편리한 삶을 실현할 것이라고 말한다. 미래에는 지금과는 전혀 다른 직종이 주목받고, 사회가 요구하는 인재상이 많이 달라질 것이라는 전망도 힘을 얻고 있다.

당장 닥쳐올 눈앞의 변화에 주목하는 이런 예측이 의미 없다는 것은 아니다. 개인이 진로를 고민하거나 장래 계획을 세울 때 이런 전망이 도움이 되기도 한다. 하지만 지난 반세기의 역사를 통해 과학기술로 인한 세상의 변화는 때로 전문가의 예측과 전혀 다르게 전개되어왔다는 사실을 떠올릴 필요도 있다. 역시 좀 더 근본적인 차원에서 인터넷이 가져올 변화를 성찰해야 한다는 생각이 든다.

마지막 이야기에는 인터넷과 함께 살아가는 미래는 어떤 모습이 될 것인가에 대한 생각을 담았다. 과학기술로 인한 미시적 변화에 주목하기보다는, 인터넷과 함께하는 인간 사회가 어떤 모습을 하고 있을지와 관련한 거시적 변화에 초점을 두고 싶다. 인터넷이라고 하면 디지털 미디어나 네트워크에 대한 기술적인 주제를 떠올리는 사람이 많다. 미래를 위해 기술을 잘 알아야 한다는 주장이 틀린 것은 아니다. 하지만 인터넷과 관련한 많은 이야기가 실은 인간에 관한 철학적 물음과 밀접하게 연관되어 있다. 의외로 이 문제에 무관심한 사람이 많아 보이는데, 아마 구체적으로 생각해볼 기회가 적었기 때문이 아닐까. 또는 지레짐작으로 철학은 나와 관련 없는 문제라고 눈을 감아버린 것은 아닐까. 하지만 인터넷 시대의 철학적 과제를 성찰하지 않는다면 앞으로 다가올 세상이 그저 혼란스럽게만 느껴질지도 모른다. 마지막으로 인터넷과 관련한 철학적 '물음'에 대해 함께 생각해보고 싶다.

경계가 사라지는 오프라인과 온라인

영국 런던에는 '스트리트 뮤지엄', 우리말로는 '거리의 박물관'이라는 이름이 붙은 재미있는 박물관이 있다. 이 박물관을 관람하려면 우선 전용 애플리케이션을 스마트폰에 설치해야 한다. 애플리케이션이 깔린 스마트폰을 들고 도시를 돌아다니면 재미있는 일이 벌어진다. 런던에는 탐정소설의 주인공 셜록 홈스가 살던 베이커 거리나 100여 년 전 전쟁 때의 폭격으로 폐허가 된 시가지처럼 역사적으로 사연이 깃든 명소가 많다. 그곳에서 이 애플리케이션을 열면 스마트폰 스크린 너머로 바로 그 좌표의 100년 전 모습을 담은 사진이 겹쳐서 나타난다. 마치 시간여행을 하듯, 특정 장소의 과거와 현재를 동시에 즐길 수 있는

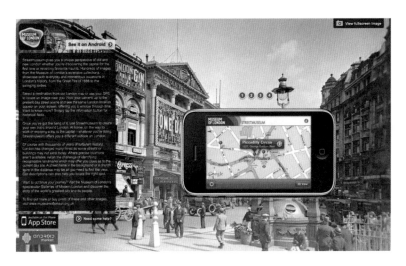

— GPS 정보와 AR 기술을 활용한 영국 런던의 스트리트 뮤지엄. 스마트폰의 전용
애플리케이션을 실행하면 이용자가 서 있는 좌표의 100년 전 거리 모습을 화면 위로
띄워준다.

박물관이다.

어떻게 이런 일이 가능할까. 무선인터넷 덕분이다. 위성 신호를 통해 위도와 경도 등 위치 정보를 확인하는 기술GPS: Global Positioning System이 스마트폰과 결합되면서 이용자가 어디에 있는지, 어디로 이동하고 있는지 거의 실시간으로 확인할 수 있게 된 것이다. 스마트폰의 위치 정보를 통해 동선을 정확하게 파악할 수 있기 때문에, 내가 있는 위치에 해당하는 추억의 사진이 화면 위로 뿌려진다. 현재 위치를 파악해서 목적지까지의 최단 경로를 찾아주는 무선인터넷 길 찾기 서비스와 같은 원리다.

거리의 박물관 역시 위치 정보 기술을 이용해서 장소와 상황에 적합한 디지털 데이터를 스마트폰 위로 표시해준다. 기술적인 용어로 증강현실 또는 ARAugmented Reality이라고 부른다. 앞서 소개한 VR은 온라인 공간에서 오프라인 공간이 비슷하게 재현되는 것을 뜻했다. 그에 비해 AR은 오프라인 공간에 온라인 공간이 겹쳐져 보이는 것을 뜻한다. 달리 말하자면, 온라인 공간이 오프라인 공간과 비슷해지는 상황이 VR이라면, 오프라인 공간이 온라인 공간과 결합하는 상황이 AR이다.

'포켓몬 고'라는 이름의 스마트폰 게임이 한때 큰 화제가 되었다. 게임 애플리케이션을 통해 세상을 보면 게임 속 몬스터가 현실 세계에서 살아서 돌아다니는 것처럼 스크린에 나타난다. 오프라인 공간의 정해진 좌표에 가야만 특정 몬스터 캐릭터를 만날 수 있다는 것이 이 게임의 묘미다. 스마트폰 스크린 안에서 현실 공간과 가상 캐릭터가 서로 어우러진다. AR 기술을 이용하면 현실 공간에서 비현실적인 일이 일어날 수 있다.

온라인 공간과 오프라인 공간을 연결하는 통신의 속도도 점점 더 빨라지고 있다. 서로 섞이지 않는 물과 기름 같았던 두 공간이 함께 돌아가기 시작했다. 거리의 박물관이나 포켓몬 고처럼 오프라인 좌표와 온라인 정보가 함께 어우러지는 기술은 앞으로 그 활용 범위가 넓어지면 넓어졌지 줄어들지는 않을 것이다. 온라인 공간과 오프라인 공간이 뒤엉키는 상황은 앞으로도 더 자주 일어날 수밖에 없다. 온라인과 오프라인의 경계선이 애매모호한 미래 세상은 과연 어떤 모습일까.

스몸비와 함께 사는 세상

스마트폰과 좀비를 합성한 '스몸비smombie'라는 신조어가 있다. 좀비는 '살아 있는 시체'를 뜻하는 가상의 존재로, 영화나 드라마에 단골로 등장하는 소재다. 좀비는 몸은 살아 움직이지만 마음은 죽은 상태라서 사람의 모습을 하고는 있어도 허기진 동

스마트폰을 보면서 운전하거나 보행하는
스마트폰 좀비가 공공장소의 안전을 위협하면서,
이를 금지하는 법률도 도입되었다. 한국에서도
운전자의 휴대전화 이용이 일찌감치 금지되었는데,
그럼에도 불구하고 스마트폰에 주의를 빼앗겨
거리를 휘청이며 달리는 자동차가 적지 않아 보인다.

물과 다름없다. 그 때문에 영화 속에서는 인간의 생명을 위협하는 괴물로 등장하는 경우가 많다.

스몸비라는 단어는 스마트폰에 몰두한 채 거리를 돌아다니는 사람들이 마치 좀비 같다는 뜻에서 나온 말이다. 거리에 나가 보면 스마트폰 화면을 들여다보며 걷는 사람이 적지 않다. 다른 사람과 가볍게 부딪히는 정도라면 다행이다. 전철 문에 부딪혀 다친다거나, 더 심각하게는 운전하면서 스마트폰을 보는 바람에 사고를 냈다는 이야기도 듣는다. 이쯤 되면 공포의 대상, 좀비에 비유될 만한 문제다.

TV를 보다가도 인터넷을 검색하고, 친구와 만나는 와중에 SNS를 체크한다. 생각날 때마다 그 자리에서 인터넷에 접속하고 정보를 찾는 일이 자연스러워졌다. 그런데 문제가 있다. 기술적으로는 온라인 공간과 오프라인 공간을 연결시킬 수 있지만, 사람의 마음은 두세 가지의 서로 다른 공간을 능숙하게 다루기 어렵다는 점이다. 몸은 오프라인에 있어도 마음은 온라인에 가 있고, 마음이 온라인에 가 있다 보니 오프라인의 몸은 좀비처럼 얼빠진 상태가 된다.

2014년 인터넷의 최강자 구글이 '구글 글라스'라는 이름의 전자 안경을 만들고 실험적으로 판매한 적이 있다. 이 안경은 투명한 렌즈를 스마트폰 디스플레이처럼 사용해, 현실 공간에 대한 디지털 정보를 바로바로 끌어다 렌즈 위로 보여준다. 렌즈 옆에는 초소형 카메라가 달려 있어서 사진을 찍기 위해 스마트폰을 조작하는 수고도 덜 수 있다. 안경은 사람의 눈언저리에 딱 붙어서 잠을 잘 때 빼고는 어디든지 동행할 수 있는 물건이니, 구글 글라스를 쓰면 스마트폰을 꺼낼 필요도 없이 인터넷과 함께하는 삶이 가능하다. 사실상 오프라인과 온라인의 경계가 없는 삶을 살 수 있는 것이다.

그런데 1년도 채 안 되는 짧은 실험을 거친 뒤 구글 글라스의 생산이 중단되었다. 우선 공공장소에서의 안전 문제가 제기되었다. 구글 글라스에 표시되는 온라인 정보에 몰두하다가 몸이 있는 오프라인 공간의 상황을 까맣게 잊어버리는 좀비 상태가 될 수 있다는 것이다. 구글 글라스에 달린 초소형 카메라가 도둑 촬영에 악용될 우려도 제기되었다. 결국 구글 글라스의 실험은 오프라인과 온라인의 경계가 사라진 미래 사회에 대한 불안감만 증폭시키면서 종료되었다.

구글 글라스는 사라졌지만, 오프라인 공간을 향한 온라인 공간의 러브콜이 사라진 것은 아니다. 사생활 침해나 오프라인 공간에서의 안전성 문제를 줄이기 위한 기술적·제도적 노력도 계속되고 있다. 우리의 미래는 다양한 종류의 스몸비와 더불어 사는 세상이 될 가능성이 매우 크다.

로봇은 시민권을 획득하게 될까°

　2015년, 미국 뉴욕에 사는 40년 경력의 베테랑 개발자가 IT 헬프 데스크 업무에 음성인식 로봇을 대타로 부려먹었다는 혐의로 20일간의 업무정지 처분을 받았다. 이 개발자는 혐의를 완강하게 부인했지만, 헬프 데스크의 통화 내용을 녹음한 파일을 들어보면 말투가 느리고 딱딱하다. 아무래도 로봇에게 대타를 시킨 것이 사실이지 싶다.

　2013년에는 미국의 주간지 기자가 의료보험 상품을 파는 온라인 보험회사의 텔레마케터가 음성인식 로봇이라는 의혹을 제기하기도 했다. 이 기자는 텔레마케터와의 대화를 녹음해서 공개했다.°° 기자가 텔레마케터에게 "당신은 로봇입니까?"라고 묻자 텔레마케터는 "저는 실제 사람입니다"라고 답한다. 이에 기자가 "로봇이 아니라면 '저는 로봇이 아닙니다'라는 문장을 말해주세요"라고 부탁하지만, 전화 너머의 목소리는 "전 실제 사람입니다"라는 똑같은 문장을 같은 어조로 되풀이할 뿐이었다. 이

°　이 절은 2015년 11월 24일, 〈뉴스1〉에 기고한 칼럼 "음성인식 로봇과 대화, 어떤 느낌?" http://news1.kr/articles/?2495899에 소개한 내용 중 일부를 수정했다.

°°　〈타임〉지의 마이클 쉐러 기자와 로봇으로 추정되는 텔레마케터와의 통화를 녹음한 음성 파일을 들을 수 있는 URL은 다음과 같다. https://soundcloud.com/zekejmiller/new-recording-68

— 2015년 로봇이 업무를 대리했다는 의혹이 제기된 헬프 데스크와의 대화가 기자의
취재를 통해 공개되었다. 첫 부분에 "헬프데스크와 연결되었습니다. 딜런이
안내합니다. 어떻게 도와드릴까요? You have reached the Help Desk. This is Mr. Dillon.
How may I help you?"라는 말투가 어색해서 뒷부분의 자연스러운 대화와 대조적이다.
음성 파일을 들을 수 있는 URL은 다음과 같다. https://soundcloud.com/dnainfo-
new-york/ronald-dillons-robot-voice

기자의 폭로기사가 나온 뒤, 의혹이 제기되었던 온라인 보험회사의 홈페이지는 자취를 감추었다. 실제 보험회사가 아니었을 수도 있고, 개인정보를 수집하기 위한 부적절한 수법이었을지도 모른다.

굳이 이런 사례를 들지 않아도 우리는 이미 음성 로봇과 대화하는 일에 익숙하다. 자동응답기의 안내 목소리, 뉴스를 읽어주는 음성 어플리케이션, 내 질문에 정중하게 답하는 인공지능 스피커의 목소리 등 인간이 아닌 기계의 목소리가 곳곳에서 들린다. 하지만 목소리는 시작에 불과하다고 할 수 있다.

이미 인천공항에서는 '에어스타'라는 이름의 로봇이, 일본의 통신 기업 소프트뱅크 매장에서는 '페퍼'라는 이름의 로봇이 안내 업무를 수행 중이다. 모습도 점점 사람을 닮아가고 있다. 수많은 SF 영화가 불길하게 묘사한 것처럼 로봇과 인간 사이에 치열한 싸움이 벌어질까, 아니면 로봇 때문에 직업이 사라지고 실업자가 늘어날까. 어찌 되었든 로봇이 한 역할씩 맡을 사회가 다가오고 있다는 것은 분명하다.

아이작 아시모프는 1940년대에 로봇을 소재로 한 소설을 썼다. 소설 속에 등장하는 '로봇3원칙'은 다음과 같다. 첫째, 로봇은 인간에게 해를 가하지 않는다. 둘째, 로봇은 첫 번째 원칙에 반하지 않는 한 인간의 명령에 따른다. 셋째, 로봇은 첫 번째, 두 번

— 일본에 세계 최초 로봇 호텔이 등장했다. 이 호텔에 들어서면 사람의 모습을 한 로봇이 손님을 맞는다. 이곳은 체크인, 체크아웃을 비롯해 기본적인 접객 업무가 모두 자동화되어 있다. 굳이 로봇 호텔이라고 하지 않아도 숙박 절차를 무인으로 처리하는 숙박업소가 적지 않다.

째 원칙에 반하지 않는 한 자신의 존재를 보호한다. 아시모프의 소설에서 로봇들은 3원칙을 철저히 지키는 한, 기본적으로는 자유의지로 자신의 행동을 결정한다. 아시모프의 소설 속에서 로봇은 부분적이나마 시민권을 획득한 상태로 묘사된다.

전 세계의 로봇 연구자와 개발자들은 아시모프의 소설을 읽고 로봇에 대한 상상력을 키웠고, 개발을 다짐했다. 할리우드 영화를 비롯해 수많은 SF 영화 속에도 로봇3원칙이 존재하는 미래 사회가 등장한다. 시대를 앞서간 아시모프의 상상력은 가상의 이야기라고 치부할 수 없는 사회적 영향력을 발휘하고 있다. 로봇의 시민권에 대해 본격적으로 고민해야 하는 날이 의외로 멀지 않았다.

미래 도시의 주민은 누구인가

과학기술의 시대가 열리면서, 인류는 늘 외계인과 만나는 날을 상상해왔다. 그런데 지금 우리가 맞닥뜨린 상대는 외계에서 온 생물체가 아니다. 인터넷이라는 신대륙에서 생겨나고 진화한 낯익은 존재다. 온라인 공간에 존재하는 일렉트로닉 페르소나, 온라인 공간에 마음을 빼앗겨 오프라인 공간에는 껍데기만

남은 스몸비, 오프라인 공간에서 조금씩 역할과 권리를 획득하고 있는 로봇, 또는 오프라인 공간에서 신나게 뛰어노는 온라인 데이터. 우리가 이미 접해왔고 심지어 익숙한 존재들이다. 온라인과 오프라인의 경계를 넘나드는 존재와 얽히고 공존하는 기묘한 사회가 이미 눈앞에 펼쳐져 있다.

몸이 없이 데이터로만 존재하는 일렉트로닉 페르소나를 자신의 의견을 가진 시민이라고 봐도 좋은 것일까. 오프라인 공간에는 오로지 몸만 존재하는 얼빠진 스몸비 역시 자유의지를 가진 인간이라고 생각할 수 있는 것일까. 그렇다면 로봇은 어떤가. 인간처럼 생각하고 감정을 가진 로봇은 인간과 무엇이 다른가. 오프라인과 온라인이 뒤죽박죽되는 세상에서 나오는 많은 질문이 '인간이란 무엇일까'라는 철학적 의문과 연결되어 있다.

인류는 아주 오래전부터 인간이란 무엇일까에 대한 의문을 품어왔고, 사실 이 근본적인 질문에 만족할 만한 답변을 찾은 적이 없었다. 이 질문을 탐구하는 과정에서 수많은 종교와 사상이 태어났다고 해도 과언이 아니다. 많은 종교가 초월적 존재와의 관련성을 통해 인간은 동물과 구별되는 존재라고 주장한다. 복수의 종교에서는 인간은 신의 피조물이기 때문에 특별하다고 가르친다. 이 주장은 인간이 무엇이냐는 물음에 대한 명확한 답변은 아니지만, 인간은 동물과 확실하게 구별되는 존재라는 생각의 뒷받침이 되었다.

그런데 18세기 산업혁명 이후, 지금의 인터넷 혁명과 비견할 만한 대격변의 시대가 시작되었다. 과학적 사고방식과 기술 산업이 발전하면서, 과학적으로 입증할 수 없는 신의 존재에 대한 확신이 흔들리기 시작했다. 지구상의 모든 동식물이 변이와 진화의 산물이라는 진화론이 충격적으로 받아들여진 것은 단순히 창조주로서의 신을 부인했기 때문만은 아니었다. 만약 신이 인간을 창조한 것이 아니라면 인간과 동물은 어떻게 다른가. 나아가 인간이 동물과 구별되는 존재라고 할 수 있는가. 새로운 질문이 제기되는 것이다.

이 시기 서양의 철학자들이 '인간이란 무엇인가'라는 질문에 진지하게 매달린 것은 그 때문이었다. 모든 것이 초월적 존재에서 시작되었다는 검증불가능한 신념이 깨진 이상 '인간이란 무엇인가' 또는 '인간과 동물은 무엇이 다른가'라는 질문에 답할 필요가 생긴 것이다.

철학자들이 부단히 노력한 만큼 그럴듯한 답변도 얻을 수 있었다. 데카르트는 '생각하니까 인간'이라고 명쾌하게 정리했다. 옳거니, 이 답변은 인간과 동물을 구별할 뿐 아니라 인간과 기계의 차이가 무엇인지도 밝힌다. 헤겔은 '외부 세계와 투쟁하고 변화하니까 인간'이라고 진지하게 해설했다. 이 답변에도 무릎을

치게 된다. 지금까지 인간이 외부 세계와 싸워온 결과가 역사이고, 이 역사가 인간을 인간답게 만든다는 것이다. 이런 철학자들 덕분에 우리는 한동안 인간이 무엇인지에 대해 궁금해하지 않을 수 있었는지도 모른다.

그런데 지금 우리가 마주친 상황은 막다른 골목이다. 생각하니까 인간이라는 데카르트의 말에 따르자면 스스로 생각할 수 있는 로봇도 인간이다. 로봇에게도 의심할 여지 없이 인권이 존재한다고 보아야 한다. 그런데 감정과 연민이 존재하지 않는 로봇에게 인간과 같은 권리를 부여해도 좋을 것인가. 간단하게 결론지을 일은 아니다.

한편 외부 세계와 투쟁하고 변화하기 때문에 인간이라는 헤겔의 생각에 따르자면, 외부 세계에 반응하지 않는 스몸비는 사실상 인간이 아니다. 스스로 투쟁하고 외부 세계를 변화시킬 의지가 없는 인간은 권리를 박탈당해도 할 말이 없는 것 아닌가. 이 역시 간단히 결론지을 수 없는 문제다.

인터넷 시대의 인간론이 아직 제대로 정립되지 않은 상태이기는 하지만, 이와 관련한 많은 사회적 변화는 이미 실제로 드러나고 있다. 예를 들어 청와대는 청원 게시판에 올라온 글이 20만 건 이상의 동의를 받으면 상당히 많은 시민이 요청하는 사안이라고 판단한다. 로그인을 통해 본인 확인을 했다고 해도 사실 동의 행위는 인터넷 공간 속 일렉트로닉 페르소나의 의사 표현에 지나지 않는데, 이를 시민의 의사 표현으로 간주하는 것이다. 일렉트로닉 페르소나의 시민권을 부분적이나마 인정하는 방향으로 사회가 움직인다고 볼 수 있다.

분명한 사실은 우리 앞에 놓인 과제는 디지털 기술이나 네트워크 미디어에 대한 전문적인 지식만으로 해결할 수 없다는 점이다. '인간이란 무엇인가'라는 질문은 어렵게 느껴질 수 있으니 조금 쉽게 바꾸어보자. 앞으로 다가올 미래 도시의 주민은 누구인가. 새로이 등장한 네트워크 신대륙에서 누구와 어떻게 더불어 살아갈 것인가. 새로운 과제에 대한 해답은 과학기술만으로는 얻을 수 없다. 우리가 떠안게 된 이 물음에 대한 인문학적 이해와 자기 성찰이야말로 미래를 이끌어가는 길잡이가 될 것이다. 나 역시 아직 이 의문에 답할 수 있는 내공을 갖추지 못했다. 하지만, 지금까지 일관되게 주장한 것처럼, 실마리가 우리의 삶 속에 있다는 점은 확신할 수 있다. 이 질문의 해답을 찾는 탐험에 동행하지 않겠는가.

참고 문헌

국내 도서

김경화 (2013) 《세상을 바꾼 미디어》 다른출판사

김경화·이토 마사아키 (2018) 《21세기 데모론: 변화를 이끄는 유쾌하고 떠들썩한 저항의 미디어, 데모》 눌민출판

김예란 (2014) 《말의 표정들: 미디어 문화의 실천과 소통의 윤리》 문학과지성

김윤지 (2010) 《박스오피스 경제학: 경제학자, 문화산업의 블랙박스를 열다》 어크로스

노명우 (2008) 《텔레비전, 또 하나의 가족》 프로네시스

던바, 로빈 (2018) 《던바의 수: 진화심리학이 밝히는 관계의 메커니즘》 김정희 옮김, arte

라이언, 데이비드 (2014) 《감시사회로의 유혹》 이광조 옮김, 후마니타스

루더, 크리스티안 (2015) 《빅데이터, 인간을 해석하다》 이가영 옮김, 다른출판사

맥퀘일, 데니스 (1990) 《매스커뮤니케이션 이론》 오진환 옮김, 나남

바우만, 지그문트 (2009) 《액체 근대》 이일수 옮김, 강

안정배 기록·강경란 감수 (2014) 《한국 인터넷의 역사》 블로터앤미디어

정여울 (2008) 《모바일 오디세이》 라이온북스

젠킨스, 헨리 (2008) 《컨버전스 컬처: 올드 미디어와 뉴 미디어의 충돌》 김정희원·김동신 옮김, 비즈앤비즈

조항민 (2014) 《과학기술, 미디어와 만나다: 과학미디어 세계를 여행하는 안내서》 한국학술정보

천정환 (2008) 《대중지성의 시대》 푸른역사

카스텔, 마뉴엘 (2004) 《인터넷 갤럭시: 인터넷, 비즈니스, 사회적 성찰》 박행웅 옮김, 한울아카데미

포스트먼, 닐 (2005) 《테크노폴리: 기술에 정복당한 오늘의 문화》 김균 옮김, 궁리

푸코, 미셸 (2003) 《감시와 처벌: 감옥의 역사》 오생근 옮김, 나남출판

홍성욱 (2002) 《네트워크 혁명, 그 열림과 닫힘: 지식 기반 사회의비판과 대안》 들녘

해외 도서

Bizony, Piers (1994=1997) *2001: Filming the Future* = 浜野保樹・門間淳子訳『未来映画術「2001年宇宙の旅」』東京: 晶文社

Drucker, Peter (1969=1969) *The Age of Discontinuity: Guidelines to Our Changing Society* = 林雄二郎 訳『断絶の時代―来るべき知識社会の構想』東京: ダイヤモンド

Farman, Jason (2018) *Delayed Response: The Art of Waiting from the Ancient to the Instant World.* New Haven: Yale University Press.

Goldberg, Adele & Goldberg, David (1988=1990) (eds.) *A History of Personal Workstations* = 村井純監訳・浜田俊夫訳『ワークステーション原典』東京: アスキー

Hafner, Katie & Lyon, Matthew (1996=2000) *Where Wizards Stay Up Late* = 加地永都子・道田豪訳『インターネットの起源』東京: アスキー

Hauben, Michael & Hauben, Ronda (1997=1997) *Netizen: On the History and Impact of Usenet and the Internet,* = 井上博樹・小林統訳『ネティズン―インターネット、ユースネットの歴史と社会的インパクト』東京: 中央公論社

Hjorth, Larissa (2009) *Mobile media in the Asia-Pacific: Gender and the Art of Being Mobile.* New York: Routledge.

Kittler, Friedrich (1993=1998) *Draculas Vermächtnis. Technische Schriften* = 原克訳『ドラキュラの遺言』東京: 産業図書

Lanham, Richard (2006) *The Economics of Attention: Style and Substance in the Age of Information,* Chicago: Chicago University Press

Lessig, Lawrence (2004) *Free Culture: How Big media Uses Technology and the Law to Lock down Culture and Control Creativity,* London: Penguin Books

Levy, Steven (1984) *Hackers: Heroes of the Computer Revolution,* New York: Anchor Press

Manovich, Lev (2001) *The Language of New Media*, Cambridge: MIT Press

McLuhan, Marshall (1964=1987) *Understanding Media: The Extensions of Man* = 栗原裕・河本仲聖訳『メディア論―人間の拡張の諸相』東京: みすず書房

Ong, Walter, J. (1982=2007) *Orality and Literacy: The Technologizing of the World* = 桜井直文・林正寛・糟谷啓介訳『声の文化と文字の文化』東京：藤原書店

Pariser, Eli (2011=2012) *The Filter bubble: How the new personlaized web is changing what we read and how we think* = 井口耕二訳『閉じこもるインターネット――グーグル・パーソナライズ・民主主義』東京: 早川書房

Parisi, David (2018) *Archaeology of Touch: Interfacing with Haptics from Electricity to Computing*, Minneapolis: University of Minnesota Press.

Poster, Mark (1990=1991) *The Mode of Information* = 室井尚・吉岡洋訳『情報様式論』東京：岩波書店

Rheingold, Howard (2000) *The Virtual Community: Homesteading on the Electronic Frontier*, Cambridge: MIT Press.

——————— (2002) *Smart mobs: The Next Social Revolution*, New York: Basic books

——————— (2012) *Net Smart: How to Thrive Online*, Cambridge: MIT Press

Turkle, Sherry (1995) *Life on the Screen: Identity in the Age of the Internet*, New York: Touchstone

Verhoeff, Nanna (2012) *Mobile Screens: The Visual Regime of Navigation*, Amsterdam: Amsterdam University Press

池上英子 (2017)『ハイパーワールド: 共感しあう自閉症アバターたち』東京: NTT出版

伊藤昌亮 (2012)『デモのメディア論: 社会運動社会のゆくえ』東京: 筑摩書房

岡田朋之・松田美佐 編著 (2012)『ケータイ社会論』東京: 有斐閣

喜多千草 (2003)『インターネットの思想史』東京: 青土社

金曠和 (2016)『ケータイの文化人類学―かくれた次元と日常性』東京: CUON

粉川哲夫 (1990)『カフカと情報化社会』東京: 未来社

西垣通 (1997)『思想としてのパソコン』東京: NTT出版

富田英典 (2009)『インティメイト・ストレンジャー: 匿名性と親密性の文化社会学』大阪: 関西大学出版部

富田英典　編著 (2017)『ポスト・モバイル社会: セカンド・オフラインの時代』京都: 世界思想

橋元良明・奥律哉・長尾嘉英・庄野徹 (2010)『ネオ・デジタルネイティブの誕生: 日本独自の進化を遂げるネット世代』東京: ダイヤモンド

光岡寿郎・大久保遼・編著 (2019)『スクリーン・スタディーズ: デジタル時代の映像／メディア経験』東京: 東京大学出版部

港千尋 (2012)『芸術回帰論: イメージは世界をつなぐ』東京: 平凡社

논문

Dunbar, Robin (1993) "Coevolution of neocortical size, group size and language in humans", *Behavioral and Brain Sciences*, 16(4): 681-735.

Kim, Kyoung-hwa (2020) "Tactile photography", *Interin*, 25-1:101-120.

Prensky, Mark (2001) "Digital natives, digital immigrants", *On the Horizon*, 9-5. Last accessed on June 25, 2020 https://www.marcprensky.com/writing/Prensky%20-%20Digital%20Natives,%20Digital%20Immigrants%20-%20Part1.pdf

소설

아시모프, 아이작 《아이, 로봇I, ROBOT》 (1950)

오웰, 조지 《1984년》 (1949)

헉슬리, 올더스 《멋진 신세계Brave New World》 (1932)

영화

곽재용 〈엽기적인 그녀〉 (2001)

스콧, 리들리 〈블레이드 러너Blade Runner〉 (1982)

워쇼스키, 릴리·워쇼스키, 라나 〈매트릭스2 – 리로디드The Matrix Reloaded〉 (2003)

of London

218쪽   로봇 헬프데스크 https://soundcloud.com/dnainfo-new-york/ronald-
dillons-robot-voice

220쪽   로봇 호텔 ©김경화

모든 것은 인터넷에서 시작되었다

디지털 리터러시를 위한 여섯 가지 이야기

초판 1쇄 2020년 9월 21일

지은이 김경화
일러스트 김일영

펴낸이 김한청
기획편집 원경은 이한경 박윤아 이건진 차언조
마케팅 최지애 설채린 권희
디자인 이성아
경영전략 최원준

펴낸곳 도서출판 다른
출판등록 2004년 9월 2일 제2013-000194호
주소 서울시 마포구 동교로27길 3-12 N빌딩 2층
전화 02-3143-6478 **팩스** 02-3143-6479 **이메일** khc15968@hanmail.net
블로그 blog.naver.com/darun_pub **페이스북** /darunpublishers

ISBN 979-11-5633-294-7 03300